U0896062

- 国家出版基金资助项目
- 弘扬社会主义核心价值体系出版工程重点图书
- 国家社会科学基金重大招标课题“实施中国特色社会主义理论体系普及计划的途径、载体和方法研究”项目成果

弘扬社会主义核心价值体系出版工程重点图书

中国特色社会主义理论体系普及读本

总主编：顾海良　佘双好

价值观　核心价值观　核心价值体系

中国特色社会主义核心价值观

袁银传　主编

图书在版编目(CIP)数据

价值观 核心价值观 核心价值体系:中国特色社会主义核心价值观/袁银传主编. —武汉:武汉大学出版社,2014.1
弘扬社会主义核心价值体系出版工程重点图书
中国特色社会主义理论体系普及读本/顾海良　佘双好总主编
ISBN 978-7-307-11074-8

Ⅰ.价…　Ⅱ.袁…　Ⅲ.社会主义建设—价值论—研究—中国
Ⅳ.D616

中国版本图书馆 CIP 数据核字(2013)第 138751 号

责任编辑:高　璐　　责任校对:王　建　　版式设计:马　佳

出版发行:**武汉大学出版社**　(430072　武昌　珞珈山)
(电子邮件:cbs22@ whu. edu. cn 网址:www. wdp. whu. edu. cn)
印刷:武汉中远印务有限公司
开本:720×1000　1/16　印张:13.75　字数:190 千字　插页:4
版次:2014 年 1 月第 1 版　2014 年 1 月第 1 次印刷
ISBN 978-7-307-11074-8　定价:26.00 元

总序言

顾海良

围绕中国特色社会主义理论体系和社会主义核心价值体系的基本现状，我们编写了“中国特色社会主义理论体系普及读本”丛书，它是国家弘扬社会主义核心价值体系出版工程重点图书。丛书分作十二册，以中国特色社会主义理论体系和社会主义核心价值体系的基本内容和精神实质为主线，力图对当代中国马克思主义的这两个重要理论成果作出全面的探索和适合于马克思主义中国化时代化大众化的阐释。

中国特色社会主义理论体系是包括邓小平理论、“三个代表”重要思想、科学发展观在内的科学理论体系，是对马克思列宁主义、毛泽东思想的继承和发展，是马克思主义中国化最新成果，是实现中华民族伟大复兴的正确理论。这一理论体系，在建设中国特色社会主义的思想路线、发展道路、发展阶段、发展战略、根本任务、发展动力、依靠力量、国际战略、领导力量和根本目的等各个方面，在中国特色社会主义经济建设、政治建设、文化建设、社会建设、生态文明建设和党的建设等各个领域，形成了一系列独创性的思想理论观点，回答了在中国这样一个十几亿人口的发展中大国建设社会主义的一系列重大的理论和实践问题。这一理论体系，与中国特色社会主义的道路和制度密切地联系在一起，道路是实现途径、制度是根本保障、理论体系是行动指南，三者统一于中国特色社会主义伟大实践，并随着实践而不断发展和完善。在当代中国，坚持和发展中国特色社会主义，最根本的就是要坚持和拓展中国特色社会主义道路，坚持和丰富中国特色社会主义理论体系，坚持和完善中国特色社会主义制度，坚定中国特色社会主义的道路自信、制度自信、理论自信。

社会主义核心价值体系的基本内容包括马克思主义指导思想、中国特色社会主义共同理想、以爱国主义为核心的民族精神和以改革创新为核心的时代精神、社会主义荣辱观。社会主义核心价值体系是兴国之魂，是社会主义先进文化的精髓，是中国特色社会主义精神力量的内核，是社会主义意识形态的本质体现，决定着中国特色社会主义发展方向。社会主义核心价值体系要融入国民教育、精神文明建设和党的建设全过程，贯穿改革开放和社会主义现代化建设各领域。在社会主义核心价值体系建设中，要积极培育和践行社会主义核心价值观。社会主义核心价值观是社会主义核心价值体系的内核力和聚焦点，渗透于社会主义核心价值体系的各个方面。培育和践行社会主义核心价值观，是建设社会主义核心价值体系的根本任务，是加强社会主义核心价值体系建设的最为基本的也是最为重要的方面。

我们希望，丛书能以我国改革开放和现代化建设的实际问题、以我们正在做的事情为中心，着眼于马克思主义理论的运用，着眼于实际问题的理论思考，着眼于新的实践和新的发现。“明者因时而变，知者随事而制”。在对中国特色社会主义理论体系和社会主义核心价值体系的研究和阐释中，能凸显马克思主义基本原理的科学内涵、精神实质和时代风格，提升中国特色社会主义道路和制度探索的理论精髓，体现科学社会主义当代发展的新概括和新提炼。能在现实、理论与历史的结合上，在党性和人民性的统一上，在维护国家意识形态安全和发挥意识形态引导功能的协同上，在中国的现实发展和中国梦的未来憧憬的联结上，彰显中国化马克思主义的解释力、影响力和作用力，提升中国化马克思主义的理论自觉、理论自信和理论自强。

我们希望，丛书能从多方面阐明中国特色社会主义理论体系和社会主义核心价值体系，在丰富人民精神世界、增强人民精神力量、满足人民精神需求上的理论指导和实践导向，对全社会形成统一指导思想、共同理想信念、强大民族精神和时代精神力量及基本道德规范上发挥强大的推进力；在巩固壮大主流思想舆论和弘扬主旋律上，产生更大的正能量，激发全社会团结奋进的强大力量；在事关大是大非和政治原则问题上，能划清是非界限、澄清模糊认识，增强主动性、掌握主动权、打好主动仗；在积极引领社会思潮中发挥中坚作用，在多元中立主导、在多样中谋共识、在多变中定方向。

我们希望，丛书能在学习借鉴人类文明成果的基础上，用中国的理论研究和话语体系解读中国实践、中国道路、中国形象，不断概括出理论联系实际的、科学的、开放融通的新概念新范畴新表述，传播中国好声音，形成具有中国特色、中国风格、中国气派的哲学社会科学学术话语体系。能把握好"时、度、效"，努力讲真、讲实、讲好、讲活、讲深中国故事、中国情怀，进一步扩大中国道路、制度及其理论体系和核心价值观的感召力、影响力和认同力，不断提升国家文化软实力和中华文化国际感染力。

丛书是由武汉大学马克思主义理论学科的老师们合作撰写的，也是以佘双好教授为首席专家的国家社会科学基金重大招标课题"实施中国特色社会主义理论体系普及计划的途径、载体和方法研究"项目的部分研究成果。

2013 年 9 月 10 日

目 录

CONTENTS

序论：社会主义中国的精神旗帜

自从党的十六届六中全会通过的《中共中央关于构建社会主义和谐社会若干重大问题的决定》首次明确提出“社会主义核心价值体系”的重大命题以来，社会主义核心价值观、社会主义核心价值体系问题成为国内理论界近年来研究的热点问题之一。

社会主义核心价值观与社会主义核心价值体系之间到底是一种什么样的关系？如何科学而合理地凝练社会主义核心价值观，使社会主义核心价值观的表达更简洁、更鲜明，更富有凝聚力、感召力，更易于传播、深入人心？如何进行社会主义核心价值体系教育，发挥社会主义核心价值体系在统一思想、整合意识、凝聚人心、鼓舞斗志、引领思潮中的作用？这是当前社会主义文化建设特别是社会主义核心价值体系建设的重大理论和现实问题。

社会主义核心价值体系作为社会主义中国的精神旗帜，是社会主义意识形态的本质体现，是全党全国各族人民团结奋斗的共同思想基础，是实现科学发展、社会和谐的精神动力，是当代中国文化软实力的核心内容。建设社会主义核心价值体系，是我们党在思想文化建设上的重大理论创新和重大战略任务。当前深化社会主义核心价值体系研究，实施社会主义核心价值体系的普及计划，使社会主义核心价值体系既“上得去”也“下得来”，具有重要的理论意义和现实意义。

1. 中国共产党思想文化建设上的重大理论创新和重大战略任务

党的十七届六中全会作出的《中共中央关于深化文化体制改革推动社会主义文化大发展大繁荣若干重大问题的决定》中提出了“更加自觉、更加主动地推动社会主义文化大发展大繁荣”，“坚持中国特色社会主义文化发展道路”，

"增强国家文化软实力"，"建设社会主义文化强国"，"推进社会主义核心价值体系建设，巩固全党全国各族人民团结奋斗的共同思想道德基础"等重大课题。这些重大课题的解决需要深化对社会主义核心价值观的研究。

社会主义核心价值体系建设，对于巩固马克思主义在意识形态领域的指导地位，巩固中国特色社会主义共同理想，巩固全党全国各族人民团结奋斗的共同思想基础，全面推进中国特色社会主义伟大事业，具有重大的现实意义和深远的历史意义。社会主义核心价值观是社会主义核心价值体系的灵魂和集中体现，如何概括和提炼社会主义核心价值观？如何进行有效的社会主义核心价值观教育？如何用社会主义核心价值观引领多样化社会思潮？这是社会主义核心价值体系建设必须解决的重大课题，也是近年来学术界讨论和关注的热点问题。只有深入研究社会主义核心价值观，明晰社会主义核心价值观与社会主义核心价值体系之间的区别与联系，科学概括和提炼社会主义核心价值观的基本内容，总结社会主义核心价值观教育的历史经验和基本规律，根据人民群众的利益需要和价值诉求进行有效的社会主义核心价值观教育，才能使社会主义核心价值体系不至于束之高阁，而是能够大众化，真正发挥社会主义核心价值体系武装全党、教育人民的作用。加强社会主义核心价值观研究是建设社会主义核心价值体系的内在要求和有效路径，是我国文化事业中一项必须长期坚持不懈的战略任务。必须从建设社会主义核心价值体系的高度，推进社会主义核心价值观研究，切实发挥社会主义核心价值观的时代价值和教育功效。

2. 全党全国各族人民团结奋斗的共同思想理论基础

当今世界正处在大发展、大变革、大调整时期，世界多极化和经济全球化深入发展，科学技术日新月异，国际金融危机影响深远，世界经济格局发生新变化，国际力量对比出现新态势，全球思想文化交流交融交锋呈现新特点，文化在综合国力竞争的地位和作用更加凸显。西方大国凭借其经济和科技优势加紧对我国进行意识形态渗透，意识形态领域的斗争十分激烈，维护国家意识形态安全的任务更加艰巨，增强国家文化软实力和中国特色社会主义吸引力的要求更加紧迫。当代中国进入全面建设小康社会的关键时期和深化改革开放、加快转变经济发展方式的攻坚时期，由于各种社会矛盾的错综复杂和思想观念的冲突激荡，在国内也产生了一些与社会主义主流意识形态、与社会主义核心价值观不和谐的噪音和杂音。在世界形势复杂多变和我国经济社会深刻变革的过程中，从国家意识形态安全的视角切入，深入研究社会主义核心价值观的基本内涵、本质特征、内在要求、具体表现、社会功能、重大意义，总结古今中外核心价值观教育的基本方法和有效经验，探讨用社会主义核心价值观引领多样化社会思潮、进行社会主义价值观教育的有效路径，对于维护国家意识形态安全、统一全党和全国人民的思想、促进社会和谐进步具有重要意义。

核心价值观是一个社会运行的精神动因，是社会秩序和社会文化有序发展的主导性图式，同时还是国家机体安全性和制度稳定性的保障因素。对于我们来说，强调社会主义核心价值观的建设，正是基于社会主义核心价值观对于整个社会主义事业的发展所具有的极端重要性而做出的必然选择。在当前对于社会主义核心价值观的凝练与研究中，学术界对社会主义核心价值观的具体内涵、理论表达、性质功能、本质特征、重要作用等做出多方面的深入研究，能够对社会主义核心价值观与大众文化的关系、与意识形态的关系、与日常生活的关系、与人们行为模式的关系等展开多样化的研究，能够对社会主义核心价值观与传统文化的关系、与时代的关系等做出系统的研究，这些研究在帮助人们全面了解社会主义核心价值观及其重要性的同时，也会在社会主义现代化实践中引领并规范人们自觉地用社会主义核心价值观指导人们的价值选择，从而实际地促进社会主义核心价值观应有功能的实现。

社会主义核心价值观是兴国之魂，是社会主义先进文化的精髓，是社会主义意识形态的本质体现，决定着中国特色社会主义的发展方向。确立和保证社会主义核心价值观在当代中国社会意识形态的主导地位，是当代中国意识形态建设的核心内容和根本支点。尽管与社会主义主流意识形态不和谐的种种社会思潮都试图以多元多变的思想挑战和博弈意识形态指导思想的一元化格局，消解社会主义核心价值观，但这些思想武装能否真正上升为意识形态或者成为其中的积极因素，取决于国家对这些理论的真实需要程度以及这些理论能否代表最广大人民群众的根本利益。历史事实证明，中国社会发展的历史进程内在地包含了马克思主义中国化的实际进程，这种理论与实践一致性的历史逻辑是任何理论思潮所不具备的。深入研究社会主义核心价值观与中国传统封建主义核心价值观、当代西方资本主义核心价值观之间的本质区别，从而在理论上划清马克思主义与反马克思主义的界限，以及社会主义思想文化同封建主义、资本主义腐朽思想文化的界限，对于巩固马克思主义在意识形态领域的指导地位，提高用社会主义核心价值观武装全党和教育人民，用中国特色社会主义共同理想凝聚力量、增进社会共识，具有重要意义。

3. 引领多样化社会思潮的正确航标

一部中国特色社会主义的思想史就是同各种非马克思主义、反马克思主义理论流派和社会思潮斗争的历史。我们只有加强对中国特色社会主义思想史的深入研究，紧紧围绕高举中国特色社会主义伟大旗帜这个根本要求，才有助于深化对中国特色社会主义道路的认识，有助于划清科学社会主义同各种非科学社会主义的界线，有助于提高我们的鉴别、分析和批判能力，增强发展中国特色社会主义的自觉性和坚定性。只有坚定对中国特色社会主义道路的信心，才能在中国社会发展的旗帜和道路、社会主义的前途和命运等重大问题的理论是非上坚持正确的方向。

当前，在关于社会主义前途命运以及中国特色社会主义性质方向等重大问题上，以迷信新自由主义和民主社会主义为代表的“西式教条主义”（“洋教条”或“西教条”）、以现代新儒学（所谓儒学“第四代”）为代表的文化保守主义（“儒教条”或“古教条”）以及怀疑和否定改革开放的“左”倾教条主义（“左教条”），对中国特色社会主义旗帜与道路的干扰，尤其值得我们警惕和注意。迷信新自由主义和民主社会主义的“西式教条主义”(“洋教条”或“西教条”)的主要理论特征，是离开马克思主义基本原理和科学社会主义基本原则，离开中国国情、实际和中国特色，片面强调“时代潮流和时代特征”，而在“西式教条主义”视阈中所谓的“时代潮流和时代特征”就是“华盛顿共识”确立的经济全球化的游戏规则和美国的价值理念或者瑞典的民主社会主义模式。以现代新儒学为代表的文化保守主义(“儒教条”或者“古教条”)的主要理论特征，是离开马克思主义基本原理和科学社会主义基本原则，离开时代潮流和时代特征，片面强调“中国特色”，而在文化保守主义视阈中所谓的“中国特色”，只不过是“孔孟老庄”的新瓶旧装，实际上是中国传统的封建主义特色。而“左”倾教条主义(“左教条”)则以反思改革开放的名义怀疑和否定改革开放，其离开中国国情和实际，离开时代潮流和时代特征，只是固守马克思主义经典作家基于当时具体历史条件和当时的实际情况得出的个别论断、具体结论和行动纲领，用经典作家的个别论断、具体结论和行动纲领来剪裁和评价现实，而不能与时俱进地发展马克思主义。三种教条主义实质上是一种形而上学的思维方式。因此，深化研究社会主义核心价值观，着力体现社会主义核心价值观的科学性、时代性、大众性的内在要求，体现社会主义核心价值观的民族特色、时代特色和实践特色的统一，可以破除和消解人们在中国社会发展的旗帜与道路、前途与命运等重大问题上的疑虑和误区，在全党全社会形成统一指导思想、共同理想信念、强大精神力量、基本道德规范，增强和巩固全党全国人民团结奋斗的共同思想理论基础，坚定走中国特色社会主义道路的信心。

4. 思想政治理论课教育教学的核心内容

社会主义核心价值观教育是马克思主义理论教育的重要内容，使社会主义核心价值观成为全党、全体人民的价值共识，并且化为人民群众的内在信仰和价值追求，是加强社会主义核心价值体系建设、推进马克思主义大众化的根本。从现实来看，目前我们对于社会主义核心价值体系和社会主义核心价值观的概括提炼还比较抽象，还不够“大众化”。我们的价值观教育还存在抽象空洞、大而概之、缺乏现实感等问题，通俗化和普及化的程度远远不够，这些都一定程度地影响到马克思主义理论教育的效果。开展社会主义核心价值观的宣传普及活动，推动当代中国马克思主义大众化战略任务的实现，需要对于社会主义核心价值观进行概括提炼，需要通过“言教”和“身教”的方式，使之入耳、入脑、入心，才能化为人民群众的自觉追求。只有深入才能浅出，而不是“浅入浅出”或者“不入就出”，才能提高马克思主义理论教育的效果。

目前，在党中央高度重视、亲切关怀和马克思主义理论学界同仁共同努力下，马克思主义理论学科发展很快。根据理论上的推算（不包括 2012 年新增加的），自从 2005 年设立马克思主义理论一级学科以来，全国共有马克思主义理论一级学科博士授予权单位 21 家，马克思主义理论一级学科硕士授予权单位 73 家；马克思主义理论各二级学科博士点 105 个，马克思主义理论各二级学科硕士点 453 个；博士后流动站有 25 家。马克思主义理论学科从外延式发展走向内涵式发展迫切需要加强基础理论研究和学理支撑。马克思主义理论一级学科设立的重要根据之一就是彰显马克思主义理论学科的整体性以及马克思主义理论研究的整体性。马克思主义理论是一个完整统一的世界观和方法论，是一个有机统一的整体。马克思主义理论研究既需要从马克思主义哲学、马克思主义政治经济学、科学社会主义进行分门别类的研究，又需要从整体上进行研究。事实上，如果回到马克思主义经典作家文本本身我们就可以清楚地发现，马克思主义经典作家许多最重要的文本本身就是一个整体，例如，《1844年经济学—哲学手稿》、《德意志意识形态》、《哲学的贫困》、《共产党宣言》、《资本论》以及马克思晚年的历史学、人类学笔记等，我们很难说它们到底是单纯的马克思主义哲学、马克思主义政治经济学还是科学社会主义，或者说，它们应该既是马克思主义哲学，又是马克思主义政治经济学，还是科学社会主义。而以往的马克思主义理论研究比较侧重从马克思主义哲学、马克思主义政治经济学、科学社会主义“三大组成部分”进行分门别类的研究，从整体上研究马克思主义理论比较薄弱。从目前获批关于“社会主义核心价值体系”、“社会主义核心价值观”国家社会科学基金重大项目和教育部重大攻关项目来看，基本上是哲学（马克思主义哲学或者伦理学）背景首席专家。“社会主义核心价值观”既需要运用马克思主义基本原理进行理论概括和总结，又需要从马克思主义发展史的视域进行比较研究，同时它本身就是马克思主义中国化研究最重要的问题之一，还需要借助与国外马克思主义理论、国外社会主义理论进行比较的国际视野，而且用马克思主义中国化的最新成果武装全党、教育人民也是当前思想政治教育的主要内容和重要任务。因此，本课题的研究有助于培养、锻炼和提高研究者的整体思维能力和研究方法，而这正是马克思主义理论学科理论研究和人才培养的基本范式和根本要求。而且，思想政治理论课教育教学的根本是引导大学生、研究生树立科学的世界观、人生观、价值观，对社会主义核心价值观的研究，可以深化高校思想政治理论课（其中特别是《马克思主义基本原理概论》、《毛泽东思想和中国特色社会主义理论体系概论》、《中国近现代史纲要》、《思想道德修养与法律基础》、《中国特色社会主义理论与实践研究》、《中国马克思主义与当代》等）的课程内容，可以深入回答大学生和研究生深层次的思想理论问题，从而为思想政治理论课教育教学提供坚实的科学研究支撑。因此，深化对社会主义核心价值观的研究，有助于加强马克思主义理论学科建设和思想政治理论课教育教学。

价 值 观

改革开放以来，中国社会各方面都发生了巨大的变化，大学生择业取向的变迁则成了社会变革的“晴雨表”，在不同时期呈现不同的特点。20 世纪 70 年代末 80 年代初大学生就业有自己的理想，以社会为中心，“国家利益高于一切”，一切服从党的安排。80 年代中后期则向“以我为中心、个人利益高于一切”倾斜，既要地位高，也要挣钱多。90 年代初期求职成才逐步到位，开始寻求个人价值与社会价值相结合，第一职业求稳定，第二职业求发财，功利化倾向明显。90 年代中后期至今大学生在择业时极力寻找个人和社会最佳结合点，多元化、多层次，主动性、功利性增强。

当代大学生择业取向的变迁，在一定程度上反映了当代社会人们价值观的嬗变轨迹。价值观的核心问题是人的价值问题。人的价值是表示人们之间的“意义”关系的哲学范畴。要说明人的价值，首先要弄清什么是价值。

第1章 价　　值

爱因斯坦1939年在获悉铀核裂变及其链式反应的发现后，曾在匈牙利物理学家西拉德推动下，上书美国总统罗斯福，建议研制原子弹，以防德国占先。然而，让爱因斯坦感到愤怒的是，“二战”结束前夕，美国向日本的广岛和长崎投下两颗原子弹，首次将原子弹用于战争。这对爱因斯坦震动很大，从此开始投身反对核战争的运动。这说明人们的实践活动绝不是一种主观随意、率性而为的活动，任何实践活动都必须受真理尺度和价值尺度的制约。

也就是说，人们在认识事物时，不仅要判断对象“是什么、怎么样、为什么”，还要解决“为了什么”，即“有用无用”、“是好是坏”、“孰利孰弊”、“是善是恶”等问题。给这些问题作一个哲学概括，就是价值问题。

1.1 经济学哲学语境中的价值

在不同的语境中，人们所用的“价值”概念具有不同的内涵。

价值在经济学中是商品的一个重要性质，它代表该商品在交换中能够交换得到多少其他商品，价值通常通过货币来衡量，成为价格。有些经济学者经常把价值等同于价格，而有些经济学者则认为价值和价格并不等同。比如，毕加索生前在一张报纸空白处画的速写，后来居然拍卖到十几万美元。“这速写不过草草几笔，根本没什么艺术价值。”有评论家说，“有的话，只是市场价值”。20世纪40年代的中国，经济混乱，通货膨胀，百元当十元用，千元作百元用，买个鸡蛋也要上万元。“这钱还有什么钱的价值!”有人骂道。这些现象都说明价值与价格往往是不一致的。

其实无论市场如何变化，商品的价格归根结底是由价值决定的，但价值又是由什么决定的呢?

具有不同使用价值的商品之所以能按一定比例相交换，

如1只羊也许可以换20尺布，是因为它们之间存在某种共同的、可以比较的东西。这种共同的、可以比较的东西就是商品生产中无差别的人类抽象劳动。无差别的人类抽象劳动凝结在商品中，就形成了商品的价值。价值量的大小决定于生产这一商品所需的社会必要劳动时间的多少。不经过人类劳动加工的东西，如空气，即使对人们有使用价值，也不具有价值。

在日常生活中，人们对价值的理解往往还从功用主义出发。这时候的价值相当于经济学中的“使用价值”。当人们说某事物或某做法没有价值时，实际上指的是该事物在功利上失去或没有功用。由于日常生活中价值被理解为使用价值，所以人们常常将价值与价值物等同。例如一些人认为价值就是车子、房子和票子，等等。

不同语境中价值概念的不同，需要一个哲学意义上的“价值一般”加以统摄。那么，如何理解作为“价值一般”的价值概念的哲学内涵呢？

哲学意义上的价值是一个表示主客体之间相互关系、相互作用的范畴，它表征客体为主体而存在。“价值”这个概念所肯定的内容，是指客体的存在、作用以及它们的变化对于一定主体需要及其发展的某种适合、接近或一致。价值是与主体人的利益、人的需要相联系的，离开了主体人的利益、人的需要，事物的各种属性都是中性的，无所谓价值。只有在对待满足主体利益、需要的关系中，才谈得上有无价值的问题。

哲学上的价值概念是最本质、最普遍的价值概念，它是对各种特殊的价值现象的本质概括。如经济领域中某项活动是否具有效益；政治生活中某种政权组织形式是否体现了人民群众的意志而能否受到民众的支持；精神生活中某种信仰或信念是否能给人以精神支撑并引导人们走向自由；艺术领域中某件艺术作品是否能给人带来美的感受，等等，都是主体和客体之间价值关系的丰富多彩的表现形式。哲学的价值概念摒弃了上述各种价值关系中纷繁复杂的特殊内容和形式，只抽取了其中共同的、普遍的、本质的内容。

所谓价值，就是客体的属性对于主体需要的满足关系，或者说，价值的实质就在于客体的属性与主体的需要相一致、相符合或相接近。一个客体对主体的有用程度越高，满足主体需要的程度越高，其价值就越大；反之，客体就无价值或价值就小。而当客体不仅不能满足主体需要，反而对主体有害时，客体就只能具有负价值了。

尤其需要注意的是，具有价值的对象可以是实体的客观存在，也可以是人的精神追求，比如科学家对真理的追求，这个时候真理对科学家来说是几乎没有实用价值的，但是如果他认为真理对人类是有价值的，即使那是在500年之后，他也会追求不懈，虽然追求真理不会给他和现在的人们带来任何物质上的好处。

由此可见价值的外延是很广泛的，包括房子、车子、面包、爱情、幸福、理想、科学、信仰，等等。

人在社会生活中对各种事物、现象采取什么态度、作出什么反应都是以人对该事物的价值判断为基础的。

人如果判定一事物对自己的生存和发展具有正面的意义和价值就会采取行动努力保护这个事物，充分利用和挖掘这个事物的价值和潜力。例如，人为财死，鸟为食亡。江山如此多娇引无数英雄竞折腰。财对于人、食对于鸟、江山对于英雄，是具有重大价值并需要自己用全部能力和宝贵的生命去保护和获取的事物。

人如果判定一事物对自己的生存和发展具有负面的意义和价值，就会采取行动努力逃离这个事物，消除这个事物对自己的负面影响。例如，一个人在森林里碰见老虎，判定老虎对自己的生存具有负面的意义和价值，对自己的生存构成威胁就会赶紧逃跑，或者努力把老虎消灭。

人如果判定一事物对自己的生存和发展不具有现实的意义和价值，就不会对该事物产生兴趣，更不会对该事物产生主动行为，改变这个事物。例如，肚子刚刚吃饱的人看到自己现在已不再需要的食品时，就不会对食品产生浓厚的兴趣，更不会把这个食品吃下去，因为食品对于不饥饿的人来说，不具有现实的意义和价值。

有一则故事很多人都听过：一个富人在沙滩上看到一个穷人在晒太阳，就质问他为什么不去工作。穷人问他为什么要去工作。富人说只有辛勤工作才能赚到很多钱，变成一个富人，能有时间悠闲地在沙滩上晒太阳。穷人反问道："我现在不是正在这晒太阳么？"

你认为赚了很多钱然后去沙滩晒太阳是一种享受，我认为没那么多钱也可以一样安逸地晒太阳。这是不同人的主观感受，它也表明每个人对待同一事物的价值认同是不一样的。价值就是要能满足人的需要，但是每个人的需要都不一样，我需要某样东西，某样东西对我就有价值；否则，就没有价值。可见，需要与效用，事实与价值是有区别的。

1.2 价值与事实

人类面临两大问题：价值问题和事实问题。事实作为客观存在的事物、事件或过程，阐明"是什么"的问题，是一种既定的事实，具有一种确定性，可以与人无关而存在。价值虽也是一种客观存在，但却因人而异，作为人的活动的产物，同人的需要有密切的关系，解决的是人类共同面临的"是"、"非"问题或"标准"问题，即"应该是什么"的问题。

价值一词是与事实、知识、真理等概念的区别中获得其内在的规定性的。事实、知识、真理是一个求"真"的过程，它要求主体符合客体；而价值是一个求"善"、求"美"的过程，它所承诺的是客体服务主体。正如英国哲学家罗素所认为的那样："当我们断言这个或那个具有'价值'时，我们是在表达我们自己的感情，而不在表达一个即使我们个人的感情各不相同但却是可靠的事实。"

比如，下面这句话：人类的二氧化碳排放量在增加，我们应该限制二氧化碳的排放。前半句是事实判断，后半句是价值判断。如果不附加逻辑条件的话，从前半句是得不到后半句的。因为事实判断是客观的，是唯一的；价值判断是主观的，是不唯一的。

价值与事实的区别有没有意义？不少人怀疑，因为我们日常生活中谁也不这样区别。人们不仅在语言中把事实与价值混在一起，而且在思想中也是这样。"明天可能下雨"只涉及事实；"明天应该下雨"则涉及价值——对谁有好处？

对农民还是对城里上班的人？这种简单的问题不难区别。但是，当我们面对“出租车应不应该提价”这类“复杂问题”时就不容易了。出租车调价的事，争议很多年了。有一年有人为涨价造势，发表了这样一种言论：“出租车本来就不是为普通百姓服务的。”这句话特别容易触动人们的情感和道义反应，在今天不知会在网上挨多少板砖。但是，怎么看这句话呢？

我们如果把它当做事实判断，就要考察：在我们这座城市，出租车行业一开始到底是为什么人服务的？它是靠哪一群消费者发展、繁荣起来的？40岁往上的人都能回答这个问题：改革开放以前，出租车根本就不在街上跑，它的确不是为普通百姓服务的。但除了普通百姓，也没有什么“不普通的百姓”。出租车那时候就是人们偶有特殊情况时才打电话预约的，根本谈不上繁荣的市场。而改革开放后，“面的”10块钱满街跑。正是低价位地服务普通百姓，才有了今天出租车行业的繁荣发展。

那么，在价值判断层面呢？我们可以问一下：一座城市方便快捷的公共交通应该为谁服务？是为普通百姓，还是为少数有钱人？这个价值问题提得理直气壮，答案也很清楚，但是，它们仍然代替不了事实判断：以现在的油价、利润和管理费用，出租车能否承担得起应有的服务功能？它提价了，百姓会不会放弃？它不提价，它自己会不会倒闭？

出租车能够为谁服务，是事实问题；应该为谁服务，是价值问题。能够为谁服务并愿意为谁服务，是价值问题；能够为谁服务却不愿意为谁服务，也还是价值问题。我们先要弄清事实真相，再来弄清其价值取向。

这个问题的“复杂性”本身就体现在：它是以价值判断的提问方式遮掩了事实判断的潜在前提。社会生活中许多复杂问题都是这样提出来的。

价值的多元性，不是“公说公有理，婆说婆有理”——没有结果和意义，而是人的利益和生活理想的多元，是多元的表达、交流、妥协和共存。价值提供动力。人的社会，就是靠人的利益和愿望这些“价值”推动的。而事实的唯一性，则是人在这个世界的生活、运动、认识、争议，乃至所有价值的基础。

我们生活在一个事实的世界里，这是大家都看得到、触摸得到的。我们也生活在一个由我们赋予其意义和价值的世界里，许多人并没有意识到。没有人，就没有这个价值的世界。它们是我们的愿望、理想、善恶美丑的标准，也曲折地反映着我们的利益之所在。我们从自己的价值观、情感、原则和道德、审美标准对事实进行判断，这是对事物价值属性的认识，实际上是评价它对于我们的价值。比如，说什么重要、什么应该、什么好、什么坏，就是价值判断，因为它们都涉及一个判断的主体——人，也涉及不同事物对于人的价值秩序。金岳霖曾说过一段有意思的话：青山不是绿水，黄叶不是红灯，虽然对于一砍柴的人也许青山的价值比绿水为重，对于渔翁绿水比青山为重，对于赏秋景的人黄叶比红灯有价值，而对于开饭店的人红灯也许比黄叶更有价值。价值可以不同，然而性质没有改变。也许有因价值不同而性质改变的，但我们不能由价值的不同而推论到性质的改变。这里价值与“性质”的关系，就是价值与事实的关系。因为这里的“性质”就是指事实的性质。我们的理性可以发现价值不同于事实，同样，我们的理性也可以发现价值根源于事实。我们不仅应认识到事实与价值确有不同的特性，同时也应当看到事实与价值的内在关联，抽掉了价值的事实性前提，我们必然陷入价值相对主义或价值虚无主义。事实是一回事，价值评价是一回事；价值评价因每个人站的角度、认识能力的不同，也有可能得出不同的结论。

1.3 价值与评价

从反映的对象和内容上看，人类的全部认识可以分为知识性认识与价值性认识两类。

知识性认识，是认识主体对客体本身的性质、状况、结构、规律等的反映，是回答关于“是什么”、“怎么样”等问题的认识。而价值性认识，则是认识主体在知识性认识的基础上进一步对客体对于主体需要的意义关系的反映，是回答关于“好不好”、“要不要”、“该不该”、“有没有用”等问题的认识。例如，关于苹果的认识，知识性认识是回答

“苹果是什么”，“苹果的结构、成分是怎样的”，“苹果是怎样生长的”等问题的认识；而价值性认识则是回答“苹果的味道、营养好不好”，“苹果能满足人的哪些需要”，“种植苹果对于我们有什么效益”等问题的认识。

价值性认识是一种评价性的认识，也叫评价。在日常生活和实际工作中，人们常常要对人或事进行评价，主要是说明这个人或这件事对于社会、对于别人有什么积极意义或消极意义，从而决定对这个人或这件事应持某种肯定的态度，还是否定的态度。这种通过评价表明态度的活动，就是评价性的认识活动，它是以客体和主体之间的价值关系为反映内容的，以了解客体是否对人有价值。比如，认识桌子与评价桌子的价值就不一样，面包是否有营养价值，水果是否有益健康，这些判断都属于价值认识评价范畴。假如离开了对客体的这种价值认识评价，可以说人类将一天也难以存活下去。试想一下，如果我们不能理性地评价和分辨哪些食物是有毒的，哪些食品是有益的，我们的生命能延续下来吗?

这种评价结果与评价的主体有直接联系，是依主体的特点而转移的。由于评价是对客体与主体之间的价值关系的认识，是评价客体能否满足主体的需要。而不同的主体在需要或要求方面往往存在差异，所以导致价值评价的结果往往不同，如对同一所房屋，某个贵族认为太不舒服了，而某个贫民则认为它太舒服了。尤其是对艺术的评价，一首歌好听，一幅画好看，很大程度上是因为它们满足了人们的生理心理审美快感需求，由于人们生理心理结构的差异，便产生并表现出不同的审美趣味。所谓萝卜青菜各有所爱，南腔北调各有所好，便是指这种趣味差异。这种发生在非理性层面上的趣味差异，就是审美价值取向差异，它是价值认识所无法解释的。老人们听得津津有味的京剧，年轻人却毫无兴趣；少男少女们如痴如醉的摇滚乐，老头老太却并不认同！《红楼梦》里的林妹妹是不招贾府里的焦大去爱的，她既不会做饭，也不会种地，可能还不会生育，且不说要承担那么多的医疗费用。之所以会出现许多不同甚至根本对立的价值选择，都是评价结果依主体而转移的具体表现。

评价结果的正确与否还依赖于相关知识性的认识。评价是关于主客体间价值关系的认识，是对客体对于主体需要的意义的判断。人们能否正确地做出这种判断，取决于人们所具有的相关知识性认识，既包括对客体的属性、本质和规律，也包括对主体的规定性、需要和发展规律等的认识。没有这些知识性认识，一块价值连城的宝玉在不识货的人眼里也不过是一块一钱不值的石头。只有当人们对主体和客体这两方面都有了正确的知识性认识之后，人们才能依据这种认识做出对客体的正确评价。例如，只有正确地认识了人的病症和药品的性能，才能对症用药；只有认识了历史发展的规律和必然趋势，才能形成正确的、为之奋斗的社会政治理想；只有客观地了解了一个人的所作所为是否对社会有贡献，才能正确地评价他的人生价值，等等，都是评价性的认识依赖于知识性认识的表现。

价值评价的这些特点，表明评价并不是一种主观随意性的认识活动，而是具有客观性的认识活动。没有客观标准的评价，将会是“公说公有理，婆说婆有理”。只有正确地反映了价值关系的评价才是正确的评价，反之则是错误的评价。

第2章 价 值 观

价值观是主体对于主体与客体之间价值关系的反映，是主体对客体是否具有满足主体需要属性的肯定或否定判断。价值观所涵盖的内容和层面较多，一般说来，它包括价值标准（评价标准）、价值取向、价值目标等，其核心是价值评价。正是在这种意义上，人们通常也将价值观称为价值评价标准的体系。

从我们日常工作、生活和思想实际看，涉及价值观的问题比较普遍，是每个人时时、处处都要面对的现实问题。比如，有人说“有权就有一切”，有人说“有钱就有一切”，有人看重讲德、讲义、讲友情，有人看重求名、求利、求实惠，有人认为“身体健康就是福”，有人认为“家庭平安就是福”，等等，涉及的都是人们的价值目标、价值判断和价值取向问题。现在，我们都有一个基本共识，那就是追求身体健康、精神快乐。在健康和快乐之间，精神快乐显得更重要，因为没有快乐，就不会有健康。但快乐不快乐，主要是精神层面的东西，是各人的感觉和感受，是因人而异的。比如说，古人概括出人生最快乐的事情叫四大喜：“洞房花烛夜，金榜题名时，久旱逢甘雨，他乡遇故知。”后来有人为了突出“四大喜”的快乐程度，又分别在各句的前面加了一个定语：“和尚洞房花烛夜，老生金榜题名时，十年九旱逢甘雨，万里他乡遇故知。”这些快乐的感觉又都取决于各人不同的价值目标追求。比如，同样是“久旱逢甘雨”，期盼丰收的农民和正在看足球比赛的球迷其感受和体会就完全不同。不同的价值观，就会有不同的价值评价，并带来不同的快乐和苦恼。可是，如果有权就有一切，为什么很多有权有势的人却始终没有知足的时候，没有真正的快乐，甚至一辈子都在为追逐权力而苦恼、忧愁、郁闷、伤心？如果有钱就有一切，为什么很多有钱人却心灵空虚，精神贫穷，看不到生活的目标和方向，不知该用什么方式来打发生活？因此，无论是“权力观”还是“金钱观”，或是其他的这个“观”那个“观”，归结起来，最能让人们辨明方向、看准目标、评价事物、判断是非的还是价值观。

2.1 世界观、人生观与价值观

我们如何看待自然界？如何看待人类社会？如何看待人生？如何看待事业？这些问题都会涉及我们的世界观、人生观和价值观问题。如何树立正确的世界观、人生观、价值观，正确地对待世界、对待人生，如何实现自身的价值，对我们每一个人特别是青年人来说至关重要。

世界观是人们对整个世界，其中包括自然、社会和人的思想在内的根本观点、根本看法。世界观人人都有，只不过有些世界观是正确的，有些世界观是错误的，有些世界观是系统的，有些世界观是零碎的。有神论、无神论都是世界观的问题。我们共产党员坚持无神论的世界观，不信仰任何神佛。但是我们党内一些腐败分子求神拜佛，搞封建迷信活动，这说明其世界观出了问题。比如原黑龙江省委副书记、政协主席韩桂芝，是党的高级干部。这个人不信马列信佛法，家里设有一个很大的佛堂，供着菩萨，还有一副对联，上联是：菩萨保我做大官；下联是：我做大官供菩萨。她是这么一个世界观，把自己的政治命运完全和菩萨联系在一起。更让人匪夷所思的是，她被“双规”后不检查自己，竟然说：“菩萨啊菩萨，我供了你这么多年，你也不保佑我。”她把自己的一切都交给了菩萨，自己犯了罪不检讨，反倒怪菩萨没有保佑她，腐朽到了极点，离一个共产党员的要求相差十万八千里。还有一个就是原来的河北省委常委、常务副省长丛福奎，这个人就爱求神拜佛，每一次升迁之前都去请教“大师”：“我能不能升？要达到升迁的目的我要做什么？”他是一个大贪官，贪污了好几百万，他贪污的钱除了自己挥霍外，还有相当一部分就给了“大师”。这个人也是不信马列信神佛。因此，世界观问题太重要了，它直接影响人的权力观、人生观。

人生观是关于人生目的、意义和价值的根本看法。它主要回答人为什么活着，人生的意义、价值、目的、理想、信念、追求等问题，包括幸福观、苦乐观、荣辱观、生死观、友谊观、道德观、审美观、公私观、恋爱观等。由于人们所处的社会地位、生活环境和文化素养不同，因而形成了不同的人生观。在《钢铁是怎样炼成的》这部影响巨大的名著中，奥斯特洛夫斯基写道："人，最宝贵的是生命。生命属于人只有一次。人的一生应当这样度过：当回忆往事的时候，他不会因为虚度年华而悔恨，也不会因为碌碌无为而羞愧，在临死的时候他能够说：'我的整个生命和全部精力，都已经献给了世界上最壮丽的事业——为人类的解放而斗争。'"这是无产阶级革命者的人生观。实际上我们每一个人都时时刻刻面临着回答自己的一生怎么度过的问题。伟大的共产主义战士雷锋这样看待人生："人的生命是有限的，为人民服务的事业是无限的，我要把有限的生命投入到无限的为人民服务的事业中去。"这是雷锋的人生观，活着就要为人民服务。与进步的、革命的人生观相反，也存在个人主义、利己主义、腐朽没落颓废的人生观，比如有一种人生观就是"人生苦短，及时行乐"，雷锋说生命是有限的，这个人生观也说生命是有限的，但结论不一样，这个结论是：人生这么短暂，赶紧及时行乐吧。这种人生观不讲奉献，而是只讲享受。还有一种人生观，是极端利己主义的，叫做"人不为己，天诛地灭"，人活着干什么呢？"人为财死，鸟为食亡"，就是为了财。

世界观和人生观是相互影响、相互作用的。一般说来，有什么样的世界观，就有什么样的人生观。但是也必须辩证地看到，人们具有的人生观，也就是对人生抱什么样的态度、选择什么样的生活道路、如何对待人与人之间的关系，也往往直接影响到对整个世界的看法。

至于价值观，是指人们对周围的客观事物（包括人、事、物）的意义、重要性的总看法和总评价，是人生观中一种实在而具体的观点、看法。价值观对一个人来说，他认为最有意义和最重要的客观事物，就是最有价值的东西。例如：人们对金钱、友谊、权力、自尊心、工作成就、对国家的贡献等的总评价和总看法不尽相同，有的人把对国家的贡献看得最为重要，有的人"一切向钱看"而将金钱看得最重要，还有的人将自己的名声、人格、尊严看得最重要，等等。这种对诸事物的看法和评价在心目中的主次、轻重的排列次序，就是价值观体系。匈牙利著名爱国诗人裴多菲有一首广为流传的诗："生命诚可贵，爱情价更高；若为自由故，二者皆可抛。"他把生命、爱情、自由三种都极其珍贵的东西进行了比较，结论是自由具有最高的价值，为了自由，生命和爱情都可以扔掉，这就是价值观，他回答了什么是最值得的。革命先烈夏明翰在奔赴刑场时大义凛然地喊出"砍头不要紧，只要主义真"的豪言壮语。在他看来，主义，也就是我们的信仰，比自己的生命都珍贵，"主义"具有至高无上的价值。孙中山先生主张"天下为公"，这是他的政治理念，也是一种价值观。毛主席曾经说过："人固有一死，或重于泰山，或轻于鸿毛。为人民利益而死，就是死得其所，是比泰山还要重的；替法西斯而死，替剥削压迫人民的人去死，就比鸿毛还轻。"这里讲的是生死观，实际上也是价值观，就是回答哪一种死是值得的，哪一种死是不值得的。

所以，价值观、人生观、世界观不是空泛的大道理，不是虚幻的东西，而是实实在在、如影相随、伴随我们终生的东西。只要是个活着的人，只要你有思想，你就受世界观、人生观、价值观的支配，无非是你受什么样的世界观、什么样的人生观和什么样的价值观的支配。当然，世界观、人生观和价值观是一致的。有什么样的世界观就有什么样的人生观，有什么样的人生观就有什么样的价值观。一个人的价值观是从出生开始，在家庭和社会的影响下，逐步形成的。一个人所处的社会生产方式及其所处的经济地位，对其价值观的形成有决定性的影响。当然，报刊、电视和广播等宣传的观点以及父母、老师、朋友和公众名人的观点与行为，对一个人的价值观也有不可忽视的影响作用。

2.2 价值观的基本类型

在不同时代、不同社会生活环境中形成的价值观是不同的。人们的生活和教育经历互不相同，因此价值观也多种多样、错综复杂，对价值观的分类因而各不相同。如果按人的核心价值取向和主要价值目标进行分析，价值观有六种：

一是理性价值观。它是以知识和真理为中心的价值观。具有理性价值观的人把追求真理看得高于一切。比如伟大的革命家马克思就是这种价值观的典范。马克思一生备受迫害、生活动荡、饥寒交迫、贫病交加。但是他始终矢志不移地为解放全人类的事业进行艰苦卓绝的奋斗，他只能靠一点微薄的稿费和恩格斯等友人的接济而勉强度日。正是在如此艰难的条件下，马克思仍以惊人的毅力从事自己的理论创作，为无产阶级提供了科学的理论武器。

二是美的价值观。它是以外形协调和匀称为中心的价值观，把美和协调看得比什么都重要。比如艺术家大多追求美的价值观。还有一些女同志，也更看重美的价值观。她们有的为了美，可以冒着毁容的危险，可以不吃不喝。

三是政治性价值观。它是以权力地位为中心的价值观，这一类型的人把权力和地位看得最有价值。比如，一些政界官员或“红顶商人”。

四是社会性价值观。它是以群体和他人为中心的价值观，把为社会、群体、他人服务认为是最有价值的。最典型的是伟大的母爱。

五是经济性价值观。它是以有效和实惠为中心的价值观，认为世界上的一切，实惠的就是最有价值的。

六是宗教性价值观。它是以信仰为中心的价值观，认为信仰是人生最有价值的。比如各类宗教信徒，也包括邪教徒。

没有哪个人是绝对属于哪一种类型的价值观的，一个人也并不是只具有一种类型的价值观。价值观不同，就会带来价值判断和价值选择的不同。

2.3 人类行为的价值向导

一个国家的价值观直接影响着整个国家的对内对外政策，甚至影响全球战略；一个政党的价值观直接影响这个党的路线、方针、政策和它的行动纲领和奋斗目标；一个人的价值观也直接影响他的人生道路和行为好坏。这方面的正反例子很多。

毛泽东为什么能带领中国人民取得胜利？在黑暗的旧中

国，当他接触到马列主义思想后，他认为找到了拯救中国的唯一道路，于是形成了自己的价值观。正是因为有了正确的价值观，他才能和一批有共同价值取向的老一辈无产阶级革命家走到了一起，并用他们的价值观去感召大众，唤醒大众。当大众接受了他们的价值观时，他们便赢得了民心，于是最终也就赢得了中国。

相反，希特勒也有价值观，正是他的价值观，决定了他和整个纳粹德国的行为方式。希特勒信奉尼采的哲学，他将尼采的哲学观点加进自己的理解后，形成了他的价值观。尼采将达尔文的进化论思想引入人类社会中，他认为人类也需要不断进化，才能不断进步。而人类要发展、要进化，就必须优胜劣汰，这样未来的人类才能更强大、更聪明、更高级，所以弱者就要被淘汰，这是人类进化发展的必然要求。希特勒接受了这种理论，并将它极端化，他认为日耳曼民族是最优秀的民族，应该统治、治理全世界，而犹太民族是最低劣的民族，应该被消灭。正是这样的价值观导致了希特勒的疯狂行为。

美国有个石油大王叫洛克菲勒。他曾经的名言是：要让红色的蔷薇日后开放得更加艳丽夺目，而且能够出人头地、一枝独秀，就要毫不留情地剪除四周所有的枝叶。洛克菲勒靠他刽子手般的垄断手法敛积了大量财富，建成了一个庞大的跨国公司。但美国人都恨他，称他为刽子手。在他 54 岁那年，美国实施反托拉斯法，为了避免垄断公司太强大了影响竞争，要肢解他的公司。那段时间他整天生活在焦虑之中，头发掉了，人也越来越神经质，失眠，焦虑，活着感觉不到一丝快乐。医生告诉他，再这样下去他会活不了多久。但他仍然放不下他的公司，那是他一生的心血。一天他遇见了一位牧师，牧师跟他讲："你认为人生真正的幸福快乐是什么？你用尽心血将企业办得这么大，但美国人还是恨你，你这样生活有什么意义？"洛克菲勒听了后，思想上发生了变化，于是他改变了自己的价值观，认为帮助别人才是最大的快乐，于是他决定提前退休。此后他开始大量做善事，随着他慈善事业的进行，"爱"又重新回到了他的心中，他的心胸也开始宽阔起来，活着也越来越有滋味。洛克菲勒终于明白了“施比受更有福”的道理。洛克菲勒后来又活了41年，直到95岁才去世，成为美国最大的慈善家。他在传记中说，他的后半生才是真正快乐的人生，因为他又赢得了美国人的尊敬。洛克菲勒改变了他的价值观，于是就改变了他的人生。

以上例子说明，价值观对人的行为起着规范和导向作用，是人们社会生活和行为的指南针。价值观不同的人，行为取向也会不同，甚至可能截然相反。仅仅拥有科学知识并不能保证人的行为价值取向的正确。就像一个具有化学知识的人，可以制药造福大众，也可以制毒危害人民。一旦你的价值观错了，人生的方向错了，你为了实现自己的目标越勤奋努力、越成功，带给人类、社会的危害却会越大，你的人生也只会是一场悲剧。所以要让人生有意义、有价值，首先务必树立正确的价值观，明确自己的人生使命。

第3章　社会主义价值观

在社会转型时期，价值观出现多元化的基本态势。在这种多元格局中，社会主义的价值观无疑占据着主导地位，而非社会主义的价值观也有着一定的市场，其中包括各种带有浓厚封建色彩的价值观、西方资本主义的价值观、各种宗教的价值观、各种狭隘民族主义的价值观，等等。不同社会、国家、阶级、政党、教派、阶层乃至个人，都有不同的价值观，大家都可能认为自己的价值观是最进步、最理想、最合理的。那么，要判断价值观是不是正确的，有什么评价标准呢？

正确的价值观是指符合事物发展规律、符合最广大人民群众根本利益的价值观。在实际的社会生活中存在着千差万别的个人利益主体，存在着不同群体的利益需求。利益不统一、出发点不一致，对同一事物的属性和规律的价值断定，就会出现“公说有价值，婆说没价值”的情形。这样下去，人类社会也就难以维持下去，更不要说进一步发展了。所以，必须找出一个最高标准来“约束”大家，大家都用这个标准来看待事物的价值。这个最高标准就是“最广大人民群众的根本利益”。

社会主义价值观体现了社会主义精神文明所倡导的为中国特色社会主义和共产主义而奋斗的社会政治理想、为人民服务的人生观、社会主义的荣辱观、崇尚科学追求真理的科学观、集体主义的道德观、真善美相统一的积极健康的审美观等。社会主义价值观就是既符合事物发展的规律性，又符合最广大人民群众根本利益的正确的价值观。

党的十八大报告对社会主义核心价值观进行了高度概括和集中提炼，强调“倡导富强、民主、文明、和谐，倡导自由、平等、公正、法治，倡导爱国、敬业、诚信、友善，积极培育和践行社会主义核心价值观”，从而将中国特色社会主义所倡导的核心价值观明确表述为三个基本方面、24个字：富强、民主、文明、和谐、自由、平等、公正、法治、爱国、敬业、诚信、友善。党中央从国家、社会、个人三个层面对社会主义核心价值观进行高度概括，既为培育和践行社会主义核心价值观提供了基本范畴，也进一步明确了凝练社会主义核心价值观的基本原则和方向。

3.1 社会主义的价值主体

价值的主体是人，社会主义作为一种优越的社会制度，人民群众是其价值的需要者、享用者和评价者。最广大的人民群众是中国共产党实现自己价值目标的创造者，同时也是社会主义价值的享受者。离开广大人民群众，无所谓社会主义价值。人民群众是先进生产力和先进文化的创造主体，也是实现自身利益的根本力量。不断发展先进生产力和先进文化，归根结底都是为了实现最广大人民的根本利益。这是社会主义价值观不同于其他任何剥削阶级价值观的显著特征，它在指导共产党人的价值行为时像一盏不灭的指路明灯，引导共产党人在价值取向、价值评价时，不偏离正确的轨道。

纵观我们党成立90多年来的奋斗史，什么时候我们充分地为广大人民谋利益，人民群众的革命和建设热情就高涨，革命就会取得成功，建设事业就有大的发展。

红军长征，每个红军战士都可以写出一部传奇历史故事，每一个人、每一个故事都是我们进行革命人生观和价值观教育的最好教材。二次国内革命战争时期，江西省兴国县只有23万人口，参军参战的就有8万余人，占青壮年的80%，为革命英勇献身的有名有姓的烈士有23179名，其中牺牲在长征途中的就有12038名，几乎每一公里的长征路上就铺上了一位兴国烈士的英魂，兴国是全国烈士最多的县。中央红军从江西瑞金出发时有86000人，而到达甘肃改编为中国工农红军陕甘支队时，只有6000多人；中央红军与红四方面军、红一方面军在陕北三军大会师时红军也只有30000多人。红军在长征中到底牺牲了多少人，至今还没有准确的数字，光从红军长征前后的数字对比，损失不少于15万人。长征那么艰难困苦，绝大部分红军战士不是战死，而是累死、病死、饿死的。他们都知道艰苦卓绝的长征随时都面临着死亡，但他们一个个都义无反顾地向前。他们靠的是什么力量来支撑？唯一的结论，就是靠精神力量，靠革命理想和共产党人的价值观。所以他们虽然死得默默无闻，但他们都死得崇高而悲壮！长征的感人故事成千上万，其中有一口“红军锅”的故事是这样的：一个炊事班9名战士，背着一口“红军锅”长征，领导让他们少背粮食，好跟着部队前进，但他们尽量多背粮食，好让部队战士们多一点粮食保障，甚至还背上小石磨。后来，粮食越来越少，炊事班的战士一个个先后饿倒在长征路上，全部牺牲了，这口“红军锅”是由司务长背到陕北的。但这个连队在长征途中却几乎没有其他战士被饿死，没有什么非战斗减员。过草地时很多战士是在抬伤病员的途中倒下了，很多伤病员为了减少战友的牺牲，自己悄悄躺到草地上，揪几把草盖在自己身上，装做已经牺牲了，不让战友抬着走。这种长征精神，就是共产党人为党和人民利益勇于奉献一切的高尚人生价值观的生动体现。

今天，在深化改革开放、全面推进社会主义和谐社会建设的时刻，我们要更加重视广大人民群众的价值主体作用，要把坚持以人为本，实现社会成员的共同利益作为社会主义事业发展的价值取向。

3.2 社会主义的价值取向

社会主义不仅仅是一种社会制度，更是一种体现更高文明、更高人文精神的价值取向。共产党的性质、宗旨决定了共产党人衡量人生价值是以为人民服务的态度、质量、效果为尺度，每个党员价值的大小、正负都系于为人民服务的实践活动中。因此可以看出，共产党人的价值观是以科学的世界观为指导，以全心全意为人民服务为取向。

一个共产党人真正具有这样的价值观，就能够坚持正确的人生道路，经受住各种风浪的考验；就能做到精神高尚，眼界开阔，胸怀坦荡，生活充实；就会彻底冲破追逐一己私利的精神牢笼，在亿万人民创造历史的广阔天地里找准自己的位置，为国家为人民的利益忘我地工作，毫无保留地贡献自己的聪明才智。无数革命先烈的英雄事迹，雷锋、焦裕禄、孔繁森、牛玉儒等先进人物的模范事迹，都证明了这一点。

坚持“以人为本”的价值取向，就是中国共产党“全心全意为人民服务”根本宗旨的必然要求。我们所讲的以人为本，是以广大的人民群众为本。一切为了人，一切依靠人，就是一切为了人民群众，一切依靠人民群众。坚持以人为本，就是坚持立党为公、执政为民，就是坚持全心全意为人民服务，就是坚持在任何时候任何情况下，都要相信人民群众、依靠人民群众、为了人民群众，始终保持党同人民群众的血肉联系。就像毛泽东主席说的，我们的责任，是向人民负责。

江西省瑞金县的沙洲坝，原来是个干旱的地方，不但无水灌田，就连饮水都很困难。那里流传着一首民谣：“沙洲坝，沙洲坝，无水洗手帕；三天无雨地开岔，天一下雨土搬家。”此前，也曾有人想过挖井解决饮水问题，可是一来穷，没人敢牵这个头；二来迷信，听风水先生说过，沙洲坝的龙脉是条旱龙，不能打井，打井坏了龙脉，附近的人都要遭殃，所以没人敢“冒犯”。于是，祖祖辈辈只能挑池塘水饮用。

1933年4月，中华苏维埃中央政府机关从叶坪迁到沙洲坝，毛泽东主席便住在沙洲坝的村子里。

一天傍晚，毛主席办完公事策马回到驻地，看见乡亲们在池塘挑水，便问：“这水挑来做什么用?”乡亲们回答：“吃呀!”毛主席疑惑地问：“这么脏的水，能喝吗?”乡亲们苦笑着说：“没有办法，再脏的水也得吃啊!”毛主席提醒说：“那就打水井呗!”乡亲们回答：“沙洲坝人吃不得井水，这是命中注定的!”这时，毛主席哈哈大笑说：“我就不信天命，我看还是打口水井好!”说完，牵马回住处去了。毛主席走后，大家也都散伙了，谁也没把毛主席的话当回事，仍然同往常一样，挑池塘水喝。

9月的一天，东方刚露出鱼肚白，一早起来的人们，看到池塘与稻田相连的草地上有两个人影在走动，一个拿着锄头，一个拿着铁锹。人们想：一大早这两个人在干什么呢?人们走近一看，原来是毛主席和他的警卫员小吴，人们惊讶地问："毛主席，你们这是在做什么？"毛主席回答说："找水源，挖水井呀。"说完，只见毛主席在草丛中挖了一个圆圈，便和小吴一起在圈内直往下挖土，大约挖到两三尺深时，毛主席抓起一把泥土捏了捏，对小吴说："行啊！井位就定在这里，叫机关的同志们一起来挖井。"一会工夫，众人自带工具，来到现场同毛主席一起挖井。在毛主席的带领下，不几天工夫，一口深约5米的水井就挖好了。从此，沙洲坝的乡亲喝上了井水。因为井是红军来了以后毛主席亲手挖的，所以乡亲们给这井起了个名字叫"红井"。

1950年，沙洲坝人民对这口井进行了全面维修，并在井旁立了一块木牌，上书"吃水不忘挖井人，时刻想念毛主席"14个大字，以表达沙洲坝人民对毛主席和红军的思念之情。后又将木牌改为石碑，把"吃水不忘挖井人，时刻想念毛主席"14个大字刻在碑上，涂上赤金，使它永远在人们心中闪烁。

马克思说，历史认为那些专为公共谋福利从而自己也高尚起来的人物是伟大的。经验证明能使大多数人得到幸福的人，他本身也是幸福的。

在2008年汶川地震灾难中，安县紧临着地震最为惨烈的北川，那一天，在安县有一个人创造了一个奇迹，他的名字叫叶志平——安县桑枣中学的校长。在周围的伤亡人数尚在统计时，他把桑枣中学的孩子们全部安全带到了家长面前，告诉家长，娃娃连汗毛也没有伤一根。2200名学生，上百名老师，在地震中安然无恙，桑枣中学被首批授予"抗震救灾先进集体"称号，叶志平更是一夜之间"名声大振"，他也被网友称为灾区"最牛校长"。

8级大地震，无数生命被吞噬，很多楼房被摧毁，不少学校教学楼倒塌，叶志平所在的学校却能创造数千师生无一伤亡的奇迹，大家不禁要问："他是如何做到的呢？难道他所在的学校教学楼是铜墙铁壁吗？"其实不然，地震袭来时，该校8栋教学楼部分坍塌，全部成为危房。难道是他所在学校师生地震到来时全部都不在教室里？也不是，当时正是上课时间，师生都在教室上课。这所学校的师生之所以能全部安全撤到安全地带，完全在于"防患于未然"，在于叶志平的“责任高于一切”。

原来，桑枣中学的实验教学楼是在 20 世纪 80 年代中期盖的，断断续续地盖了两年多，搬进新楼时，新楼的楼梯栏杆都是摇摇晃晃的。叶志平当校长后首先考虑的是对旧楼加固，固楼用了 40 万元，这 40 万元是旧楼造价的两倍多，如果用来建造新的教学楼，不仅面子上有光，又多了教学的空间。可是他没有这样做，他务的是实，求的是师生的安全第一。这一举动，是高度的责任感和强烈的事业心所致，因而在地震来临时给学生和老师赢得了时间，带来了安全，在很大程度上是抢救了生命。

叶志平校长平时加强教育并制定了一整套安全演练规程，每周二都是学校规定的安全教育时间。他管得严，定得非常细。他不仅加强安全意识的教育，而且还自编自演，着重于训练。桑枣中学每学期都要组织一次全校师生紧急疏散演练，演练时每个班级的疏散路线都是划定好的，在每个班级内，前 4 排学生走教室前门、后 4 排学生走后门也是规定好的……这事有学生觉得好玩，有老师觉得小题大做，可是叶志平不为所动把演练坚持下来。

学校是教书育人的场地，学校又是人员高度集中的场所，学生的安全应说是第一位的工作，叶志平超前的安全意识出于对学生的关爱心，对教育事业的责任心，是一种忧患意识使然。“最牛校长”“牛”就“牛”在为了人民的生命，他有超前的安全意识，有预防突发事件的措施，“责任高于一切”是“牛”校长的闪亮点。

“以人为本”，不是抽象的口号和词汇，而是极为具体的宗旨。叶志平这种在平时坚持“责任高于一切”的理念和实践，正是共产党人对“以人为本”的最好诠释。

3.3　社会主义的价值目标

富强、民主、文明、和谐，是社会主义在经济、政治、文化、社会等不同领域追求的价值目标。其中，共同富裕是社会主义的根本原则，是社会主义的本质要求和最高价值目标。离开了共同富裕这一社会主义的本质特征，我们对社会主义的任何认识都是不准确的。社会主义的本质是“解放生产力，发展生产力，消灭剥削，消除两极分化，最终达到共同富裕”。这就决定了我们伟大的社会主义事业的根本目的是在不断提高生产力的同时，不断提高人民群众的物质文化生活水平，最终让每个人都能走上富裕的道路。

自从家庭、私有制和商品交换产生后，人类社会便出现了贫富差别以及由此而来的剥削压迫现象，消除贫富差别、过共同富裕的“等贵贱，均贫富”生活，成为历代仁人志士和劳苦大众坚持不懈的朴素思想和追求目标。陈胜、吴广一句“王侯将相宁有种乎”揭开了中国历史追求“均贫富”的斗争序幕，尤其是北宋农民起义领袖王小波对贫苦农民所说的“吾疾贫富不均，今为汝辈均之”更为后世所传颂，再到洪秀全领导的太平天国起义，为贫苦群众描述了“有田同耕，有饭同食，有衣同穿，有钱同使，无处不均匀，无人不饱暖”的理想社会。

而从1921年中国共产党成立以后，从毛泽东到邓小平，从江泽民到胡锦涛，伟大的中国共产党人90多年来就以民族独立、人民解放和国家繁荣富强、人民共同富裕为根本目标而不懈奋斗，一直把建设共同富裕的社会主义社会作为坚持不懈的追求目标。

从土地革命开始，毛泽东亲自发动和领导的湖南炎陵县中村“插牌分田”是井冈山斗争时期第一次土地改革，以实现共同富裕为目的的“打土豪，分田地”使中国共产党得到人民的衷心拥护。

经过30多年的改革开放，中国的GDP、财政收入等都获得了巨大的增长，综合国力不断增强，人民生活水平普遍提高，但迎接我们的并不只有阳光与鲜花。当我们一只脚跨进经济“黄金发展时期”的同时，另一只脚也步入了“矛盾凸显时期”。世界各国发展经验显示，人均GDP达到3000美元左右时，社会进入矛盾凸显期。伴随着工业化和城市化进程的加快，地区之间、城乡之间、行业之间以及占有不同资源的人群之间，在一个较长时间内，收入差距将会持续扩大。贫富差距近年来已成为非常严重的社会问题，并由此引发其他诸多社会问题，甚至危及社会秩序稳定以及社会的全面发展和进步，这已经引起越来越多的人强烈关注和担忧。

近年来，尽管党和政府采取了一系列调控收入差距的政策措施，收入差距扩大的势头仍未得到根本扭转。因而，一些人对共同富裕产生了怀疑，一些人甚至发出了我们离共同富裕的目标不是近了而是远了的感叹。事实果真是这样吗?

我们离共同富裕是远了还是近了，对这个问题的最好回答是事实。中华人民共和国成立初期，我国 4 亿多人口中，有一半以上处于饥饿状态。2010 年全国贫困人口数量大约 1. 28 亿人。联合国开发计划署在《2003 年年度人类发展报告》中赞扬中国是消灭贫困的世界典范；改革开放以前，我国城乡居民处于共同贫困中。从 20 世纪 70 年代末以来，随着社会生产力的发展和居民收入水平的提高，我国中等收入者在人口中所占的比重不断扩大，从而使我国社会结构逐步从原来的所谓“金字塔”形向“橄榄”形转变；改革开放 30 多年来，我国城镇居民人均可支配收入由 1978 年的 343 元增长到 2009 年的 17175 元；农民人均纯收入由 1978 年的 133 元增长到 2009 年的 5153 元，分别增长 50 倍和近 38 倍。我国的贫困人口在减少，中等收入人口在大幅度增加，城乡居民收入水平不断提高，这是我们有目共睹的事实。我们的目标是共同富裕，我们正在朝着这一目标坚定地前进。当然，当前我国收入分配差距仍然在持续扩大，这也是一个客观事实。这就意味着我们实现共同富裕还有很长的路要走。

共同富裕就是在不断消除两极分化基础上实现全面发展，最终消灭剥削、消灭私有制、促使阶级差别消灭的过程，从而为每一个人的自由全面发展奠定社会条件。

我们想问题、办事情，首先要充分考虑有利于促进社会成员的共同富裕，要在为最广大人民群众谋利益的过程中，实现自己的工作价值和人生价值。

社会主义核心价值观

社会主义核心价值观不是漂浮在天上，也不在思辨的云雾中，其深刻根源存在于社会主义经济的事实中，存在于社会主义鲜活的实践及其内在的逻辑中，存在于广大人民群众的根本利益及其价值诉求的表达中，同时存在于马克思主义经典作家理论文本的论述中。

凝练社会主义核心价值观，要以马克思主义经典作家和中国化马克思主义者关于社会主义核心价值观的经典论述为文本根据；以辩证唯物主义和历史唯物主义基本原理为理论根据；以中国传统核心价值观与当代西方核心价值观的优秀思想为思想资源；以人民群众对社会主义核心价值观的认知认同和表达习惯为现实根据。社会主义核心价值观既具有相对稳定性，又是一个动态的开放系统。

第4章 凝练社会主义核心价值观的文本和现实根据

自从党的十六届六中全会首次明确提出“社会主义核心价值体系”的重大命题以来，社会主义核心价值体系、社会主义核心价值观问题成为国内理论界近年来研究的热点问题之一。目前，由《光明日报》理论部、《学术月刊》、中国人民大学书报资料中心等机构在盘点2011年国内十大学术热点时，由《光明日报》发起和推动的“社会主义核心价值观凝练大讨论”被评为2011年中国十大学术热点问题之首。在学术界关注和探讨社会主义核心价值观凝练的同时，全国各部门、各地区、各行业、各城市也在根据自己的特点总结提炼、生动践行自己的核心价值观和行业精神、城市精神。

社会主义核心价值观是一个常说常新的话题。在当前社会主义核心价值观凝练活动如火如荼地展开的同时，也存在各说各话、难以达成共识的情况。究其原因，主要是由于理论界和不同社会群体对于社会主义核心价值观的理解以及如何凝练，在思想认识上存在分歧。例如，有的主张从社会主义国家制度、社会主义的基本规范等宏观层面凝练社会主义核心价值观，有的则主张从个人行为道德规范等微观层面凝练社会主义核心价值观；有的主张从应然层面凝练社会主义核心价值观，强调社会主义核心价值观的“先进性”和“规范性”，有的则主张从实然层面凝练社会主义核心价值观，强调社会主义核心价值观的“广泛性”、“普遍性”和“操作性”；有的主张可以撇开社会主义核心价值体系重新凝练和表达社会主义核心价值观，有的则认为社会主义核心价值观就存在于社会主义核心价值体系之中，不必“另起炉灶”；有的主张用中国传统儒家的核心价值观（仁、义、礼、智、信或忠、孝、仁、爱、礼、义、廉、耻）和西方资本主义的核心价值观（自由、民主、平等、博爱、人权）来表达社会主义核心价值观，有的则认为中国传统核心价值观和当代西方核心价值观的“合理部分”只是凝练社会主义核心价值观的思想资源，如此等等，莫衷一是。

那么，社会主义核心价值观与社会主义核心价值体系之间到底是一种什么样的关系？如何科学而合理地凝练社会主义核心价值观，使社会主义核心价值观的表达更简洁、更鲜明，更富有凝聚力、感召力，更易于传播、深入人心？如何进行社会主义核心价值观教育，发挥社会主义核心价值观在统一人们思想、整合社会意识、凝聚社会人心、鼓舞人们斗志、引领社会思潮中的作用？弄清这些问题的前提是要把思想方法搞正确，要在凝练社会主义核心价值观的基本原则方法以及理论与实践根据方面达成共识。

从历史唯物主义的观点来看，社会主义核心价值观不是飘浮在天上，也不在思辨的云雾中，其深刻根源存在于社会主义经济的事实中，存在于社会主义鲜活的实践及其内在的逻辑中，存在于广大人民群众的根本利益及其价值诉求的表达中，同时存在于马克思主义经典作家理论文本的论述中，归结起来，就存在于社会主义核心价值体系“四句话”的表达中。

凝练社会主义核心价值观，要以马克思主义经典作家和中国化马克思主义者关于社会主义核心价值观的经典论述为文本根据；以辩证唯物主义和历史唯物主义基本原理为理论根据；以中国传统核心价值观与当代西方核心价值观的优秀思想为思想资源；以人民群众对社会主义核心价值观的认知认同和表达习惯为现实根据。社会主义核心价值观既具有相对稳定性，又是一个动态的开放系统。

4.1　马克思主义经典作家论社会主义核心价值观

马克思主义经典作家关于社会主义核心价值观的论述与他们对于社会主义本质、社会主义基本特征、社会主义理想信念、共产党人纲领、共产党人奋斗目标等论述紧密结合在一起。

马克思恩格斯关于未来社会核心价值观的构想可以高度概括为人的自由而全面的发展。从价值目标的角度看，马克思恩格斯人的发展理论的最深层意蕴，在于它提出了人的发展理想维度即人类社会的终极价值目标——人的自由而全面的发展。在《德意志意识形态》中，马克思恩格斯将未来社会称为“个人的独创的和自由的发展不再是一句空话的唯一社会”。① 在《共产党宣言》中，马克思恩格斯认为无产阶级政党和一切剥削阶级政党的根本区别在于“过去的一切运动都是少数人的或者为少数人谋利益的运动。无产阶级的运动是绝大多数人的、为绝大多数人谋利益的独立的运动。”②“共产党人为工人阶级的最近的目的和利益而斗争，但是他们在当前的运动中同时代表运动的未来。”③ 马克思在《法兰西内战》中总结了巴黎公社的基本原则：把官僚国家改造为工人阶级领导的崭新的劳动人民当家做主的新式国家，消灭任何官僚特权，把国家官僚改造为全心全意为人民服务的人民公仆，由人民自己选举并可随时罢免的人民代表取代旧式官僚来管理国家，使人民代表置于人民的监督之下，向他的选民和人民负责，定期向人民汇报工作，由人民来决定他们的工作岗位和职责，决定他们的去留。这些精辟论述和科学概况总结，深刻揭示了无产阶级政党的价值追求是为无产阶级和最广大人民的根本利益而奋斗，实现最广大人民的根本利益、实现人的自由全面发展是共产党人的核心价值观。在《共产党宣言》中，马克思恩格斯还对未来社会主义（共产主义）的本质进行了高度概括：“代替那存在着阶级和阶级对立的资产阶级旧社会的，将是这样一个联合体，在那里，每个人的自由发展是一切人的自由发展的条件。”④ 明确把“人的自由而全面的发展”作为未来社会主义（共产主义）的核心价值目标。在《1857—1858 年经济学手稿》

---

① 《马克思恩格斯全集》，第 3 卷，人民出版社，1960 年版，第 516 页。

② 《马克思恩格斯选集》，第 1 卷，人民出版社，1995 年版，第 283 页。

③ 《马克思恩格斯选集》，第 1 卷，人民出版社，1995 年版，第 306 页。

④ 《马克思恩格斯选集》，第 1 卷，人民出版社，1995 年版，第 294 页。

中，马克思又强调理想社会的最高成果是建立在个人全面发展和他们共同的社会生产能力成为他们的社会财富这一基础上的自由个性①；在《资本论》中，他再次指出共产主义是“以每一个个人的全面而自由的发展为基本原则的社会形式”②；在《哥达纲领批判》中，他又提到个人的全面发展，把共产主义社会的基本特征之一概括为“人的自由而全面的发展”；在《给〈祖国纪事〉杂志编辑部的信》中，马克思再次把未来共产主义社会称为“在保证社会劳动生产力极高度发展的同时又保证每个生产者个人最全面的发展”③ 的一种经济形态。由此可见，把共产主义理想与人的自由而全面的发展相联系，把实现无产阶级和全人类的解放作为人类社会的终极价值目标，是马克思恩格斯一以贯之的思想。它像一道“普照的光”，贯穿在他们所有的思想之中。尽管马克思恩格斯只是作了理论上的设想和探讨，但它们所折射出的科学观点与内在思想价值却把人类对自身全面发展的认识提高到了一个前所未有的高度和层面，从而使关于人的自由而全面的发展学说成了马克思主义理论的核心和灵魂。

马克思恩格斯倾其一生在理论和实践上追求人类的解放和人的自由而全面的发展。但理论真正得到贯彻和实施却是在社会主义制度确立之后。列宁把这一价值追求转化为苏维埃俄国建设社会主义的历史任务，即“现实的人应当做什么”。列宁重视“培养共产主义社会的全面发展的成员”，他把全面发展的人看做是“会做一切工作的人”，强调要“消灭人与人之间的分工，教育、训练和培养出全面发展的和受到全面训练的人，即会做一切工作的人”。④ 列宁在领

---

① 《马克思恩格斯全集》，第 30 卷，人民出版社，1995 年版，第 107 ~ 108 页。

② 《马克思恩格斯全集》，第 44 卷，人民出版社，2001 年版，第 683 页。

③ 《马克思恩格斯选集》，第 3 卷，人民出版社，1995 年版，第 342 页。

④ 《列宁全集》，第 39 卷，人民出版社，1986 年版，第 29 ~ 30 页。

导俄国社会主义革命和建设的实践中，为塑造社会主义的一代新人，实现人的全面发展进行了艰苦的探索和不懈的努力，形成了列宁社会主义价值观中极具特色的方面。新经济政策的实施标志着列宁扬弃了抽象的社会主义价值原则，开始正视在一个农民小生产者占人口绝大多数、经济文化比较落后的农业国家建设社会主义的长期性、艰巨性和复杂性。以商品经济、民主政治和文化革命为骨骼的列宁的“政治遗嘱”，形成了列宁建设物质基础、大力发展生产力的社会主义经济价值观，建立新型民主制度、由人们自己管理社会和国家制度的社会主义政治价值观，以及造就自由全面发展共产主义新人的社会主义文化价值观。

4.2 中国化马克思主义者论社会主义核心价值观

中国共产党人在领导社会主义革命、建设和改革的伟大实践中，丰富和发展了马克思主义经典作家关于社会主义核心价值观的思想。从毛泽东的“全心全意为人民服务”到邓小平的“三个有利于”标准，从江泽民的“三个代表”重要思想到胡锦涛的“以人为本”的科学发展观，“为人民服务”、“实现人的自由而全面发展”、“以最广大人民群众的根本利益为本”，已经成为中国化的马克思主义者始终坚持的自觉价值理念和价值追求。

1942 年，毛泽东在《在延安文艺座谈会上的讲话》中第一次使用了“为人民服务”的概念。1945 年在党的七大上，毛泽东第一次使用了“全心全意为人民服务”的概念，他指出：“我们应该谦虚、谨慎、戒骄、戒躁，全心全意地为中国人民服务。”党的七大将“全心全意为人民服务”这一宗旨写进了党章。1957 年 3 月，毛泽东在《坚持艰苦奋斗，密切联系群众》一文中再次强调：“共产党就是要奋斗，就是要全心全意为人民服务，不要半心半意或者三分之二的心三分之二的意为人民服务。”毛泽东把“全心全意为人民服务”作为党的根本宗旨和共产党人办事的根本出发点与落脚点。为人民服务、社会平等、共同富强、人的全面发展等，构成了毛泽东社会主义价值观的基本内核。

1992 年，邓小平在视察南方讲话中强调，判断社会主义改革开放得失成败以及我们党和政府工作好坏的价值标准，应该主要看是否有利于发展社会主义社会的生产力，是否有利于增强社会主义国家的综合国力，是否有利于提高人民的生活水平。“三个有利于”的核心是人民群众的根本利益，“三个有利于”是人民群众的根本利益的集中体现，最广大人民的根本利益实现程度是社会主义制度的优越性、判断社会主义改革开放得失成败以及我们党和政府工作好坏的根本价值标准。社会主义优于资本主义、以人民群众为主体、共同富裕、人的全面发展构成了邓小平社会主义核心价值观的基本点。

党的十三届四中全会以来，以江泽民为核心的党的第三代中央领导集体，继续推进中国特色社会主义伟大事业。在坚持和发展邓小平理论的基础上，继续回答“什么是社会主义、怎样建设社会主义”，创造性地回答了“建设一个什么样的党、怎样建设党”的问题，形成了“三个代表”重要思想。“三个代表”重要思想蕴含着丰富的价值观思想。代表先进生产力的发展要求是基础，代表先进文化的前进方向是动力和方向，代表最广大人民的根本利益是最终归宿。代表先进生产力的发展要求和代表先进文化的前进方向，归根结底都是为了实现好、维护好、发展好最广大人民的根本利益。只有真正代表最广大人民的根本利益，才能代表中国先进生产力的发展要求和先进文化的前进方向。始终代表最广大人民的根本利益，是“三个代表”重要思想的出发点和落脚点，也是检验中国共产党人一切言论和行动的最终价值标准。重视价值理想实现的物质基础、崇尚道德建设、以人民利益为旨归，揭示了“三个代表”重要思想的社会主义价值取向。

党的十六大以来，以胡锦涛同志为总书记的党中央在科学发展观的理念中提出：“坚持以人为本，树立全面、协调、可持续的发展观，促进社会经济和人的全面发展。”并指出“以人为本”就是“强调以实现人的全面发展为目标，从人民群众的根本利益出发谋发展、促发展，不断满足人民群众日益增长的物质文化需要，让发展的成果惠及全体人民”。这无疑是在新的条件下对马克思主义社会主义价值观的进一步回归和发扬。党的十六届六中全会通过的《中共中央关于构建社会主义和谐社会若干重大问题的决定》，首次明确提出建设社会主义核心价值体系的命题和任务。党的十七大报告进一步指出，“社会主义核心价值体系是社会主义意识形态的本质体现”，强调“建设社会主义核心价值体系，增强社会主义意识形态的吸引力和凝聚力”，要求全党“积极探索用社会主义核心价值体系引领社会思潮的有效途径，主动做好意识形态工作，既尊重差异、包容多样，又有力抵制各种错误和腐朽思想的影响”。党的十七届六中全会决议中更是提到：“社会主义核心价值体系是兴国之魂，是社会主义先进文化的精髓，决定着中国特色社会主义发展方向。”这充分体现了党中央对建设社会主义核心价值体系、构建社会主义核心价值观的高度重视。

马克思主义经典作家对社会主义价值观做出了许多科学而经典的论述，马克思主义中国化的最新成果又对构建社会主义核心价值观提出了许多新思想。这些重要论述是我们凝练社会主义核心价值观的指导思想和文本根据。我们只有以马克思主义经典作家和中国化马克思主义者关于社会主义价值观的经典论述为思想指南和理论基础，凝练社会主义核心价值观才能既有深厚的理论根基和深刻的思想内涵，又能有力地展现鲜明的时代特色和中国特色，进而实现继承与创新发展的有机统一。

4.3　凝练社会主义核心价值观的理论根据

辩证唯物主义和历史唯物主义坚持社会存在与社会意识、经济基础与上层建筑的辩证统一关系。一方面社会存在决定社会意识，经济基础决定上层建筑。马克思指出：“人们在自己生活的社会生产中发生一定的、必然的、不以他们的意志为转移的关系，即同他们的物质生产力的一定发展阶段相适合的生产关系。这些生产关系的总和构成社会的经济结构，即有法律的和政治的上层建筑竖立其上并有一定的社会意识形式与之相适应的现实基础。物质生活的生产方式制约着整个社会生活、政治生活和精神生活的过程。不是人们的意识决定人们的存在，相反，是人们的社会存在决定人们的意识。”① 另一方面，社会意识反作用于社会存在，上层建筑反作用于经济基础。尽管社会意识归根结底是由物质生产水平决定的，但是任何思想、观念一旦从物质生产的纠缠中超越出来，就会成为一种“新的独立的力量”，对物质生产的条件和进程发生反作用。

凝练社会主义核心价值观是中国共产党人以辩证唯物主义和历史唯物主义审视中国特色社会主义发展实践的理性回应。

首先，有什么样的社会存在和经济基础，就会有什么样的核心价值观。社会主义核心价值观是立足于社会主义经济基础之上的价值认同系统，涉及经济、政治、文化等社会生活的方方面面，受社会主义经济基础决定，并服务于社会主义经济基础。作为一种价值现象，社会主义核心价值观固然有其超越性，但它绝不是人们主观臆造的产物，而是真真切切地植根于当代中国的生活实践中。社会主义核心价值观的深刻经济根源就在社会主义的经济事实中，就在中国特色社会主义的实践逻辑中。社会主义核心价值观必须反映社会主义初级阶段的基本国情和人民日益增长的物质文化需要同落后的社会生产之间的主要矛盾，并且“要准确把握我国经济社会发展新要求，准确把握当今时代文化发展新趋势，准确把握各族人民精神文化生活新期待”。② 如果脱离社会主义初级阶段这个最大的实际，抛开中国社会发展的现实而抽象地、一般地谈论价值观，不仅不会凝练出社会主义核心价值观，即使人为主观建构起来也很难落地生根、赢得广大民众的普遍认同。因此，凝练社会主义核心价值观，要遵从生活实践的逻辑，在中国特色社会主义现实实践中寻找支持和证明。

其次，社会主义核心价值观作为国家意识形态的精髓，对我国经济社会的发展发挥着巨大的反作用。核心价值观是一个国家基本社会制度之价值取向的根本体现，是一个社会中居统领地位、起支配作用的价值理念，是一种社会制度、

---

① 《马克思恩格斯选集》，第 2 卷，人民出版社，1995 年版，第 32 页。

② 《中共中央关于深化文化体制改革推动社会主义文化大发展大繁荣若干重大问题的决定》，载《人民日报》2011 年 10 月 26 日。

社会形态应该长期普遍遵循、相对稳定的根本价值准则，是法律制定、政党决策、制度设计、文化发展、公民教育最终的价值依托，是巩固全党全国人民团结奋斗共同思想基础的关键所在，是整合凝聚各种不同但却合理诉求的“黏合剂”。一个没有核心价值观的国家不可能强盛，一个没有核心价值观的民族不可能生存。

当前，我国正处在全面建设小康社会和基本实现现代化的历史时期，处在为实现中华民族伟大复兴而奋斗的历史时期，处在经济社会大发展大调整大变革的历史时期，处在思想大活跃、观念大碰撞、文化大交融的历史时期。在这一时期，经济发展之快，社会变化之大，矛盾问题之多，人们的思想之复杂，超出了以往任何一个时代。经济社会转型为我国群众价值观念的更新提供了物质条件，同时导致了社会价值观的急剧变化，这些变化有的是有利于社会主义意识形态建设的，但有的则对中国特色社会主义价值观提出了严峻的挑战。尤其是随着中国特色社会主义实践的发展，社会一定程度上出现“分化有余而整合不足”的局面。社会核心价值观的缺失与迷失，是中国社会面临的最严重的问题之一。

人类文明传播、发展的历史和实践都表明，作为一个社会、民族、国家的核心价值观，必须是高度凝练的。而党中央提出的社会主义核心价值体系只是从总体上提出了社会主义核心价值的基本框架，还不足以真正发挥其“统一的指导思想、共同的理想信念、强大的精神力量、基本的道德规范”作用，为了更好地应对经济全球化所带来的文化价值多元化的挑战，体现中国特色社会主义的发展要求和方向，我们还必须进一步凝练社会主义的核心价值观。凝练社会主义核心价值观，就是在新的形势下鲜明地亮出我们党在思想、文化和精神上的旗帜；就是在社会主义市场经济迅速发展、社会成员的思想独立性和观念差异性不断增强、中外文化交流交融交锋的情况下，明确地树立一个同中国特色社会主义根本制度相适应的价值准则，一个主导全社会思想和行为的价值观念。因此，凝练社会主义核心价值观，应以马克思主义科学的世界观与方法论为理论根据，从我国基本国情和社会制度出发，深刻反映中国特色社会主义的本质要求，深刻反映全体人民的共同心声，从而凝聚人心、激励斗志。

4.4　凝练社会主义核心价值观的现实根据

人民群众对社会主义核心价值观的认知认同和表达习惯，是凝练社会主义核心价值观的现实根据。

一个社会的核心价值观，只有真正成为整个社会的普遍价值准则，被社会大多数成员所认同、信奉，并深刻影响广大人民群众的日常生活实践，成为广大人民群众的自觉实践，才能发挥功用。正是遵循核心价值观的方向导引，人们才能沿着同一价值导向、朝着同一价值目标团结奋斗；否则，核心价值观就会失去存在的社会心理基础，发挥不了应有的主导作用。凝练社会主义核心价值观不能只追求某种形式上的“新颖”、“热闹”和“剧场效应”，不能闭门造车、自说自话、简单排列语词，而是面向生活、面向基层、面向群众，要回应广大人民群众的新期待，把其利益诉求作为出发点和归宿点，使社会主义核心价值观既能够科学揭示出社会主义的本质和发展规律，反映和表达新的时代精神，具有高度的科学性和鲜明的时代性；又能够反映和表达最广大人民群众的根本利益和价值诉求，具有广泛性和大众性。只有这样，凝练出的社会主义核心价值观才富有科学性、吸引力和感召力，才能获得广大人民群众的价值认同、情感认同和思想认同。

马克思在《〈黑格尔法哲学批判〉导言》中曾经指出：“理论一经掌握群众，也会变成物质力量。理论只要说服人[ad hominem]，就能掌握群众；而理论只要彻底，就能说服人[ad hominem]。所谓彻底，就是抓住事物的根本。但是，人的根本就是人本身。”① 他还强调指出：“理论在一个国家实现的程度，总是决定于理论满足这个国家的需要的程度。”② “‘思想’一旦离开‘利益’，就一定会使自己出

① 《马克思恩格斯选集》，第1卷，人民出版社，1995年版，第9页。

② 《马克思恩格斯选集》，第1卷，人民出版社，1995年版，第11页。

丑。”① 而这个“需要”，说到底就是最广大人民群众的根本利益需要。只有反映和表达人民群众根本利益并且为人民群众喜闻乐见的核心价值观，才能引起人民群众的共鸣，才能为人民群众心悦诚服地接受，从而人民群众才会自觉地践行这种核心价值观。

改革开放以来，我国的社会结构发生深刻变动，利益格局深刻调整，思想观念深刻变化，人们的价值观念差异性日益增强，价值选择日益多变。这种价值冲突既凸显了凝练社会主义核心价值观的必要性、紧迫性，也体现了整合社会价值观念的艰巨性、复杂性。因此，社会主义核心价值观要有广泛的认同性与实践性，必须突出人民的主体性。广大人民只有真正认识了社会主义核心价值观与自己利益的深层关系，才会自觉地认同社会主义核心价值观。

社会核心价值观的传播效果，固然取决于其本质内容，但与表达形式也密切相关。一般来说，高度凝练、简洁明快的话语表达，便于大众的接受和传播，有利于全社会不同文化程度人群的理解和领会，便于口口相传。社会主义核心价值观要在人民群众的日常生活中生根发芽结果，就必须是全国人民广泛认同、反映中华民族共性，并与社会主义核心价值体系相衔接的共识价值观。由于社会主义核心价值观要为各种不同文化层次和水平的人所接受，语言表述上一定不能过长，越简洁明快越好。比如“五四”精神，就是“民主与科学”，或称为“德先生”、“赛先生”。又比如，毛泽东将中国共产党人的根本宗旨和核心价值观表达为“为人民服务”，既内容丰富深刻，又通俗易懂、简洁明快。大道至简，越简单，越质朴，越贴近和反映广大群众要求的价值观，越具有感召力、影响力、践行力和生命力。

现有的社会主义核心价值体系表述，虽然内容丰富、全面、深刻，但是内容宏大、结构复杂、过于抽象，不仅普通群众不甚了了，就连有些领导干部、专家学者也难以记全，参与度、操作性、亲和力不够。如果社会主义核心价值观表

---

① 《马克思恩格斯全集》，第 2 卷，人民出版社，1957 年版，第 103 页。

述太长、不便于记忆，就会停留在学术界，或者仅仅被少数领导干部、专家学者掌握，不能为广大群众所掌握和记忆，就难以大众化。我们党在推进马克思主义大众化的历史进程中，积累了许多成功的经验，社会主义核心价值观的凝练，应该继承这个传统。习近平同志在中央党校2010年春季学期第二批入学学员开学典礼上强调，要力戒“长、空、假”文风，力倡“短、实、新”文风，对于凝练社会主义核心价值观也具有极大的启示。凝练社会主义核心价值观要深入浅出、言简意赅，要说出人民群众喜闻乐见的话而不是说人民群众不想听、不愿听、听不懂的话，要运用人民群众喜闻乐见的形式、手段、风格、话语来表达、阐释、传播社会主义核心价值观，依据人民群众的理解能力、认知水平、接受习惯等对社会主义核心价值观进行高度凝练，赋予社会主义核心价值观通俗易懂的表现形式和入耳入脑的传播效果，使其内化为广大人民群众的价值追求，外化为广大人民群众的行为自觉，推动社会主义先进文化的建设。

4.5 相对稳定性与动态开放性的有机统一

社会主义社会是不断发展的社会，是与时俱进的社会。恩格斯在1890年致奥·伯尼克的信中曾经指出：“所谓‘社会主义社会’不是一种一成不变的东西，而应当和任何其他社会制度一样，把它看成是经常变化和改革的社会。”① 社会主义核心价值观作为社会主义本质在精神层面上的集中体现，同样也不是一成不变的僵死的教条，而要随着社会主义实践的发展而不断丰富和发展。为此，我们要用发展的眼光和发展的理念来凝练社会主义核心价值观，即社会主义核心价值观既具有本质的规定性和相对稳定性，又要随着实践的发展而发展；社会主义核心价值观是一个动态的开放系统，要随着社会主义实践的发展不断总结、概括、提炼社会主义核心价值观。凝练中国特色社会主义核心价值观，既要坚持科学社会主义的基本原则，又要根据中国实际和时代特征赋

---

① 《马克思恩格斯选集》，第4卷，人民出版社，1995年版，第693页。

予其鲜明的中国特色。

首先，社会主义核心价值观的本质规定性和相对稳定性表现为社会主义最终理想的统一性、最高目的的一致性和普遍表现形式的共同性，但并不排斥人们的价值目标在现实过程中的层次性、实践手段上的多样性和特殊内容结构上的差异性或丰富性。核心价值观应该是一个社会最根本的、比较稳定的价值观。从人类历史看，人类以往社会形态的核心价值观都具有相对稳定性的特征。所以，社会主义核心价值观一旦确立，就应当具有相对稳定性。要使凝练出来的核心价值观既具有现实指导性，又具有前瞻性、相对稳定性，既反映和指导现在，又展望和引领未来。随着时间的发展，社会主义核心价值观可以随着社会主义社会发展阶段的变化在表述上适当调整或完善，但其基本精神不能变。因而，凝练社会主义核心价值观要慎之又慎。

其次，理论体系的开放性充分体现了马克思主义的本质要求，也为社会主义核心价值观伴随实践和时代的发展而不断与时俱进提供了源泉和动力。从根本上讲，社会主义核心价值观绝不是一成不变的、静态的、封闭的、抽象的观念体系，而是一个不断丰富和发展的开放体系，其建设也是一个不断充实、加强和提升的过程，它必将随着社会主义实践的深入发展而不断变化。这就需要我们以开放的思维对待社会主义核心价值观的凝练，留足人们从不同角度、层面探讨、理解、践行社会主义核心价值观的广阔空间。

再次，作为新时期团结凝聚广大人民群众的共同思想基础和精神支柱，社会主义核心价值观离不开中国特色社会主义的伟大实践。中国特色社会主义实践是社会主义核心价值观的源头活水，这就要求我们在凝练社会主义核心价值观时，必须坚持马克思主义与时俱进的理论品质，将社会主义在价值观上的理论抽象与当代中国的阶段特征、发展主题、历史使命相结合，既不能忽视“社会主义”的本质规定，也不能漠视“当代中国”发展的时代要求，要充分彰显中国特色社会主义核心价值观的时代特征和中国特色。

总之，凝练社会主义核心价值观不是一蹴而就的，仅从某一方面出发来确立社会主义核心价值观凝练的根据，显然不太准确。我们在凝练社会主义核心价值观的过程中，既要关注马克思主义理论的经典论述，也要着眼其在社会主义中国的创新发展；既要关注马克思主义世界观方法论的现实运用，也要吸收人类文明发展的积极成果；既要考量人民大众的理论需求，也要把握中国特色社会主义实践的现实要求。只有坚持把“政治的高度”、“理论的深度”和“大众的广度”结合起来，才能凝练出既反映文化传统、时代精神、实践发展，又能被人们广泛认同、经得起时间、实践和人民检验的科学而合理的社会主义核心价值观。

第 5 章　社会主义核心价值观的思想资源

5.1　中国传统核心价值观

中国封建主义的传统文化大体是由封建统治阶级的文化和农民小生产者文化两部分共同构成的。前者是系统化、理论化的官方文化，它在中国封建社会中占据统治地位，是统治阶级的社会意识形态，构成中华民族的大传统；后者则是以社会心理、日常心态的形式存在的民间文化、草根文化，构成中华民族的小传统。大传统与小传统之间是一个相互渗透、互动的关系：一方面，小传统是中国传统文化之根，是中国传统文化的社会心理基础，大传统是对小传统的理论提炼和升华，中国传统儒、释、道文化深刻的文化心理根源实质上是中国农民小生产者的思想文化意识；另一方面，大传统通过教化、舆论影响并规制小传统，小传统实质上是大传统的“大众化”。

中国传统核心价值观，是在自给自足的自然经济、家国一体的政治格局、伦理本位的文化氛围中形成的并内化于主体头脑中的对客体对象的评价结构。中国传统价值观的核心内容，集中表现为非主体性价值自我和执著和谐的价值目标。

5.1.1　非主体性价值自我

价值自我是指主体对自身理想存在状态的确认，它表现为人基于自身需要对现实自我所发生的态度和要求。人对自我的价值定位直接体现着人作为主体有无主体性。人在处理对象化关系、从事对象化活动的过程中，对自我的价值定位既有主体性的定位，又有非主体性的定位，从而表现出来的价值自我既有主体性的价值自我，又有非主体性的价值自我。

所谓主体性，是人作为主体在处理对象化的关系和从事对象化活动过程中所表现出来的自主性、主观性、自为性、自由性。它是人作为“万物之灵”不满足于接受现存的自然、社会和主体自身的束缚，而是力图控制和驾驭自然、社会和主体自身的一种愿望、冲动、特性和能力。主体性不是一个实体性的范畴，它不是一种实体性的客观存在，而是一个功能性的范畴，是人在处理对象化关系和对象化活动过程中表现出来的一种主体能力。人作为主体并不天生具有一种主体性的能力，主体性的能力是主体在长期的实践和认识活动过程中不断丰富和发展起来的，是一个不断生成的过程。

人的主体性是一个不断由自在到自为、自发到自觉、由盲目的必然性到获得彻底解放和自由的历史过程。这一过程与人类社会由必然王国向自由王国跃迁的历史进程是相一致的。人是社会历史的主体，社会历史是人的社会、人的历史，是人的活动在一定时空序列中的展开，人的实践活动在空间系列的展开就构成社会，在时间系列的展开就形成历史。社会的发展与人的发展、人的主体性的演进过程是一致的。马克思根据人的自由程度和主体性的发展程度，把人类社会的发展进程区分为三大形态：“人的依赖关系（起初完全是自然发生的），是最初的社会形态，在这种形态下，人的生产能力只是在狭窄的范围内和孤立的地点上发展着。以物的依赖性为基础的人的独立性，是第二大形态，在这种形态下，才形成普遍的社会物质交换，全面的关系，多方面的需求以及全面的能力的体系。建立在个人全面发展和他们共同的社会生产能力成为他们的社会财富这一基础上的自由个性，是第三个阶段。第二阶段为第三阶段创造条件。”① 与人类社会发展的三大阶段相联系，人的主体性的进程也经历了三大历史阶段，这就是自然经济条件下潜在的主体性、市场经济条件下独立的个体的主体性（这是一种片面发展了的主体性）、产品经济条件下全面丰富发展了的人类的主体性（或称为“类”的主体性——自由个性）。

在以人的依赖关系为基础的自然经济条件下，人的主体

① 《马克思恩格斯全集》，第46卷（上册），人民出版社，1979年版，第104页。

能力很软弱，既未摆脱对自然力量的依赖，更无法掌握和控制自身的命运。这个时候人的主体性只是一种潜在的、自在的、自发的主体性。马克思把自然经济条件下的人称为“狭隘地域性的个人”、“狭隘人群的附属物”，也就是尚未达到独立的空疏的个人。生活在自给自足的自然经济条件下的人们，进行社会生产的劳动工具主要是自然工具，进行的分工主要是自然分工（“男耕女织”），进行的交往主要是自然血亲交往，在他们身上所体现出来的能力，主要是先天承继下来的自然禀赋和自然能力，缺乏一种主体性的能力。

由于缺乏一种主体性的能力，因此，他们在给主体自我进行价值定位时，必然表现为一个非主体性的价值自我。无论是儒家创始人孔子倡导的“绝四”（毋意、毋必、毋固、毋我）思想，道家创始人老子主张的“无为而治”、“顺其自然”思想，还是中国传统文化的社会民间根基（中华民族小传统）——农民小生产者的价值文化，都表现出一种非主体性的价值自我和非主体性的核心价值观。

对于非主体性的中国传统核心价值观，我们以中华民族的主体——农民小生产者的价值观作一具体分析。

农民小生产者非主体性的价值自我，是通过小农在自然、社会和主体自身面前对自己的价值定位具体表现出来。在人与自然、人与社会的关系问题上，小农给自己的价值定位是崇拜自然、崇拜祖宗和个人权威；在主体自身面前，小农给自己的价值定位是牺牲主我，将主我消融于客我之中。

小农的自然崇拜、祖宗传统崇拜和个人权威崇拜，既是小农维护自然和谐、社会和谐、主体自身和谐的手段和调节机制，也是小农价值心态的具体反映。“和谐”，作为传统中国人所追求的总体价值目标，是一个表示主客体之间相互关系的范畴。在人与自然的关系问题上，中国传统价值观所追求的价值目标是自然和谐。小农赖以生存的社会环境，是一个以自然经济为基础、家庭血缘为本位的封建宗法专制社会。小农业和家庭手工业相结合、补充而构成的自给自足的自然经济，是小农从事社会生产和生活的基础，也是小农价值观形成最深广的原因。自给自足的自然经济结构和一年一度、周而复始的农业简单再生产的典型特征是“靠天吃饭”。

生产是凭自然体力，工具是借用自然形态的物质，分工要依据自然生理的区分（“男耕女织”、“男主外女主内”），联系要靠自然纽带（血缘、地缘）来继承，交换也主要是与自然的交换。在这种脆弱的自然经济结构下，只有风调雨顺，农业生产才能获得丰收，小农的生活才能维持温饱并获得安宁。倘若老天“不长眼”，降祸人世，便会给小农带来无穷的灾难。因此，在小农文化心理结构中，很自然地形成了一种敬天、畏天的心理，形成了对自然之天的顶礼膜拜。正如马克思所指出的：亚细亚生产方式“它们使人屈服于外界环境，而不是把人提高为环境的主宰；它们把自动发展的社会状况变成了一成不变的自然命运，因而造成了对自然的野蛮的崇拜”。① 对自然的迷信和崇拜又是通过对土地的迷信和崇拜具体表现出来的。“民以食为天”，中国传统社会是典型的农业社会，种地是传统中国人谋生的主要手段和办法。土地是传统中国人的命根子，是解决他们吃、穿、住、用等基本的物质生活资料的需要和保证自身安定的基础，也是小农占有社会资源、社会物质财富的主要方式和实现自我价值的主要场所。马克思指出：“土地是一个大实验场，是一个武库，既提供劳动资料，又提供劳动材料，还提供共同体居住的地方，即共同体的基础。”② 这说明土地对于农村、农业及其农民家庭的极端重要性。

传统中国是以农立国，从事的农业简单再生产，是直接依靠土地的，因而，他们既不像逐水草而居的游牧者那样飘忽无定，也不像现代市场经济条件下大工业的工人和商人那样可以择地就业、自由迁移。他们世世代代以种地为生，生于此、长于此、老于此、死于此，依靠对土地的精耕细作，再加上家庭手工业的补充来谋求自给和温饱。而土地的自然本性也满足了小农求稳的价值心态。因为土地不怕刀兵水火，是可以遗留给子孙的不可再生的自然资源；土地具有很大的缓冲性和抗拒力，即使遭到了天灾人祸、兵荒马乱的破

① 《马克思恩格斯选集》，第1卷，人民出版社，1995年版，第766页。

② 《马克思恩格斯全集》，第46卷（上册），人民出版社，1979年版，第472页。

坏，它也可以在较短的时间里重新恢复，具有顽强的恢复机制。而且，对于小农而言，土地也不单纯是自然物，它还蕴含着对家庭祖宗认同的血缘亲情意识，体现着小农的价值信仰、精神寄托和一种源远流长的人文精神。由于小农家庭世世代代、祖祖辈辈生活在这块土地上，乡土是生活、生命的根基和故土，对土地的依恋、归属和崇拜也就是对祖宗家族的认同、追思和崇拜。所谓“叶落归根”、“魂归故土”就是指一个人的生死存亡、荣辱升降都与故土有一种难以割舍的联系。中国农村民间通常把死叫做“回老家”，这实际上是宗族血亲网络泛化的表现形式之一。按照中国民间宗教信仰，人死之后魂魄离体，需要送回老家去，否则，就会成为孤魂野鬼，孤魂野鬼会游荡人间、作祟为害。所以，人死之后要叶落归根、魂归故土。

正是土地的自然本性以及小农与土地剪不断、理还乱的自然联系、血缘联系、宗教联系，使得小农形成了安土重迁的心理，形成了对土地的顶礼膜拜。在小农的文化心理结构中，土地神（土地菩萨）是他们最亲近的神，也是占据最高地位的神。土地神最通人性、最平实无华，其形象或布衣草履，或成双成对，象征着小农执著地把家庭扎根于土地的文化心态。由于对土地的依赖和崇拜，决定了人们在认知和评价客体对象时，往往是从土地出发。中华民族解释世界形成和发展变化的原始“五行说”（水、火、木、金、土），以及反映中国乡间民众价值取向的民间五神（福、禄、寿、财、土），都是以“土”为核心、出发点和归宿地的。在中国乡间民众、小农那里，有许多以土为贵的谚语、俗语，诸如“黄土生金”，“有土必有财，悖入财不见”；有直接描述人与土地之间关系是最密切、最恒长的农谚，“人吃土一辈，土吃人一回”（人一辈子以土地为食，人死之后埋入土地）；还有许多以土拟人、以土拟物的俗语，如“地面”、“地骨”、“地头”、“地尾”、“地脉”、“地乳”（山）、“地须”（草）、“地眼”（泉）以及“土命人”、“泥性子”，等等。所有这些都反映出小农执著土地、崇拜土地，将自己的命运交付给土地、与土地不分离的文化心态。以土地为人之本，“天地者，万物之父母也”（《庄子·达生》），以种地为万事之本，除种地之外，视其他行业为歪门邪道、不务正业，成为小农普遍的文化价值心态。总之，在小农看来，只有土地生长出来的东西才是实在的、可靠的、有根的，只有将自己的命运与土地紧密联系起来，深深地扎根土地、依赖土地、崇拜土地，才能维持和实现与自然的和谐统一。这也就是说，小农自然和谐价值目标的实现，是以小农自己在自然面前、土地面前丧失主体性为前提的。

如果说在人与自然的关系问题上，小农是以依赖自然、崇拜自然来实现与自然的和谐，那么在人与社会的关系问题上，小农所追求的社会和谐价值目标，则是以小农崇拜祖宗传统和个人权威来实现的。

从事农业生产首要的和基本的前提之一，是需要有一个和谐、稳定的社会环境，只有在这种和谐、稳定的社会环境和氛围中，农业生产才能顺利进行。而频繁连绵的战火，耗神竭力的内讧与争斗，都会给农业生产带来动荡和破坏，给小农家庭增添无穷的不安、痛苦和灾难。因此，在小农那里，普遍地形成了一种渴望社会和谐、稳定的文化心态。但是，由于小农处于无钱、无权、无知（没有科学文化知识）的社会境地，因此，在小农那里，这种和谐、稳定的社会环境的维护机制不是来自小农主体自身，而是来自以下两个方面：一方面是诉诸祖宗传统的崇拜，即严格地按照祖宗先辈的传统经验、礼俗、习惯和规范办事，保证社会在既定秩序上的和谐；另一方面是诉诸个人权威的崇拜，即通过树立偶像，拥戴个人的权威，通过依赖“真龙天子”、“太平宰相”、“青天老爷”强悍的力量来压制分散、混乱的思想和行为的出现，从而将人们的思想和行为统一在同一格局里，以实现社会的和谐与安宁。

在中国历史上，封建统治阶级总是自命为人世间，甚至是自然界中最高的存在物，并且借此来确立和维护自己统治的合法性。他们倡导“君权神授”，总是设法把自己打扮成出人入神的东西。中国的小农也天生就具有这种权威心理以及接受个人权威崇拜的心理机制，他们在心理上渴望强悍的真龙天子出现，总是幻想借助于强有力的皇权力量来消除社会不和谐、不稳定的因素，避免社会的纷争和混乱，从而为农业生产提供一个和谐、稳定的社会环境。所以，他们总是接受统治阶级这种人神观念的说教，并且往往主动制造、散布和传播个人迷信，为个人权威的树立和崇拜推波助澜。总之，小农社会和谐的价值目标，是以小农在社会面前无能为力、丧失主体性来实现的。

小农主体自身的和谐，是指小农自我的内在和谐。小农的主体自我是由“主我”和“客我”构成的。“主我”是内在的自我，它支配着自我的行为，执行着自我的功能，是真实的自我。“客我”则是外在的自我，是自我的对象化，即自己把自己作为心理对象，库利叫它“镜中我”，通过“客我”这面心理镜子看自己是否符合他人和社会的要求与看法。本来，在小农那里，主我与客我、主体的内在人格与外部言行之间经常处在分裂、矛盾、背离之中，但是，在小农的文化心理活动过程中，为了避免主我与客我的二律背反、主体的内在人格与外部言行的相互分离，以实现二者的和谐统一，小农就要作出某种自我调整。在小农那里，这种自我调整是以牺牲主我为代价的，即小农在调整自我时，往往不是从主我出发，而是从客我出发，即完全按照别人的评价、要求、期望以及社会的伦理道德法则、传统风俗习惯来调整自我、消融主我，以实现主我与客我的和谐统一。因此，小农主体自身的和谐是以小农主我消融于客我为归依的。

如果说小农的自然崇拜、祖宗崇拜和个人权威崇拜表明小农在自然和社会面前无能为力、丧失主体性，那么，小农以牺牲主我的方式来实现主我与客我之间的和谐，则表明小农在主体自身面前无能为力、丧失主体性。总之，小农在自然、社会和主体自身面前，完全表现为一个非主体性的价值自我。

5.1.2　执著和谐的价值目标

中国传统核心价值观的价值目标是自然和谐、社会和谐和主体自身的和谐。以自然和谐为“真”，以社会和谐（人际关系的和谐）为“善”，以主体自身的和谐为“美”，是中国传统核心价值观的根本目标和价值取向。

中国传统核心价值目标的追求和实现又是通过“福”、

“禄”、“寿”、“财”、“土”这五大具体的价值目标和取向体现出来的。通过对“福”、“禄”、“寿”、“财”、“土”这五种民间神灵崇拜的分析，可以透视出以农民小生产者为主体的传统中国人价值观的运行轨迹。

价值取向是对价值目标、价值理想的追求与向往。一般说来，传统中国人在对“福”、“禄”、“寿”、“财”、“土”这五大价值目标的追求中，是以“土”为起点，以求“福”为最终归宿的，“禄”、“寿”、“财”都涵盖和包括在“福”中，是“福”的具体体现。“福”是综合价值目标，在一定意义上，“福”即是人生和谐。

在乡村社会，人们之间互致问候叫“祝福”；乡村干部发表演说叫“为官一任，造福一方”，许诺“为民造福”；在农户的房前屋后，“福”字被当做吉祥物到处张贴叫“福气到了”（倒着张贴谐音字为“福到”）；至于“福”字作为人名则更是数不胜数。“福”作为民间最常见的符号，农民不认识自己的名字的大有人在，而不认识“福”字者却极为罕见。“福”在日常和正式的谈话中，表达的是“幸福”、“快乐”、“美好”、“好命”、“好运”的含义，并与所有的不快乐、坏生活、坏运气相对立。在仪式情境中，“福”表示的是保佑（祈福）；在人名当中，它表达了父母希望孩子幸福的意愿；在个人的价值取向中，它表达了个人对于快乐、幸福的美好生活的向往、渴望和追求。农民祈福、求福、迎福，把“福”作为神灵（“福神”）加以顶礼膜拜。

在传统中国人的价值观念中，“福”理念有以下几个方面的意义：

第一，福既可指称自然神灵和祖宗亡灵的保佑，也可以指个人价值的实现。农业经济是一种脆弱型的经济，农业生产是靠天吃饭，“望天收”。“天有不测风云”，非人力所能预测，运气好，撞上了收获颇丰；运气不好，即使精耕细作，种的庄稼与气候不对路也要亏本。至于“三病两疼”、突发人祸，则更是自己人力所不能为，只有求助自然神灵和祖宗亡灵的保佑，才能躲避“天灾人祸”的侵扰，才能给自己带来好的机遇和运气，使自己成为有福之人。所以，中国民间文学中的“福将”（程咬金、牛皋等）就总是这种逢凶化吉、遇乱成祥的人，他们总也死不了，还能侥幸获胜，因为他们“福星高照”。

第二，福不只是个人主观情感上的体验，而是与禄、寿、财、土、子紧密相关的。传统中国人是把个人的幸福与集体、家族联系起来，他们不追求空洞的、抽象的个人自由、个人幸福，而把幸福等同于拥有禄、寿、财、土、子。在他们看来，子女“金榜题名”（拥有“禄”）不仅说明子女福星高照，而且给自己乃至整个家族带来了“福气”；而拥有财富、长寿、多子则更是拥有幸福的具体体现；土地也是幸福的起点和源泉，所以，土地神（土地菩萨）也有另一个名字叫做“福德正神”。

第三，福不仅指称福、寿、财、土、子这些具体价值，而且更是这些具体价值目标综合的、圆满的统一和体现。只有将所有这些价值目标综合、完整地体现在一个人或家庭身上，这个人或家庭才拥有真正的幸福。所以，中国民间“福星”的艺术形象，就体现了小农对于幸福的思考方式和审美体验：“福星”衣冠楚楚，靴带齐全，显示了富裕的身份和地位；圆头大耳，慈眉笑眼，包含着身体健康、心宽量大、智慧平和的内蕴；长髯掩口，怀抱男孩，象征着家族的兴旺与延绵。这一人格画像，描绘出了传统中国人求福取向的主要特征：全家福——人生和谐。

“禄”表示传统中国人对于权力的崇拜和追求，它反映了人们要求提高自己社会地位的心态。“禄”的含义是地位、身份和权力。《礼·王制》曰：“位定，然后禄之。”位是爵次、职位、权力；有了位，就有了财富和身份。而且，“在农业社会，用政治权力获取财富比用财富去获取权力来得更容易”。“贵则富”、“乌纱帽底下无穷汉”，有了“禄”，不愁无“财”和“土”。这客观上强化了人们对“禄”的追求。

对“禄”的追求对传统中国人来说不仅具有必要性、重要性，而且中国封建社会里也具有一定程度上的可能性。与西欧封建社会庄园领主经济制度下和印度种姓制度统治下的农奴不同，中国封建社会的农民在人身上是相对独立和自由的。在西欧庄园领主经济和政治制度下，领主不仅在庄园内行使经济上的绝对支配权，而且也行使政治上的绝对统治权，“财产权和统治权在各处都出现相互重合的状态”，这种制度下的农民实质上是农奴，他们在人身上依附领主，领主在其领地内成为毫无限制的统治者，即以“棍子和鞭子统治着农村”。① 这样，人们在等级隶属关系上就具有牢固性和不可逾越性。在印度种姓制度统治下的农奴则更是毫无等级和任何身份地位的“贱民”。而中国封建社会的农民绝大多数是自耕农，他们是国家的“编户齐民”，在人格上，他们只是作为国家最高人格体现的君主的臣民而不单纯依附于某一地主，因而在人身上有一定的独立和自由。同时，与中世纪西欧乡村的土地实行世袭制而不得买卖转让不同，中国封建社会的土地可以买卖转让，“在土地买卖的制约下，中国封建社会各阶层的阶级地位和经济身份还具有变动不居的特色”②，这就使得人们通过机遇和自身努力改变自己的等级身份和社会地位成为可能。

中国封建社会经常出现周期性的经济危机和政治动荡，造成王朝的兴衰更迭频繁，土地所有权无端运转。而“铁打的衙门流水的官”、“一朝君子一朝臣”，就是这种权力转移情况的形象化概括。这也给人们带来了某种朦胧的希望，使人们祈盼世道改变给自己带来权力和社会地位的改变，“皇帝轮流做，明天到我家”。

对于权力，农民小生产者既向往又害怕、既崇拜又疏远，显现出十分矛盾的复杂情感。一方面，农民憎恶官府、官僚作威作福、生杀予夺，他们害怕官府找自己的麻烦，也害怕“麻烦的民主”，所以，“见官莫向前”，有意疏远，表现出“政治冷淡主义”；但另一方面，权力的万能诱惑又驱使他们对权力的向往和角逐，只有拥有权力，“财”、“土”、“寿”、“子”等才有切实的保障。而且，一旦他们真正拥有了权力，他们也就很快演化为封建官僚，学着封建官僚“摆谱”，甚至“比其主子还其主子了”。

---

① 《马克思恩格斯全集》，第19卷，人民出版社，1963年版，第367页。

② 胡如雷：《中国封建社会形态研究》，三联书店，1979年版，第53页。

"寿"表示传统中国人对生命价值的追求和崇拜。这种追求和崇拜表现在两个方面：其一是个体生命的延续，即单个人的长寿，甚至长生不老。在农村地区，养生的谚语、方式以及在此基础上的养生学非常发达，自我保养的秘诀和技巧也为人们喜闻乐道。诸如，"冬吃萝卜夏吃姜，一年四季保安康"，"饭后百步走，能活九十九"，"笑一笑，十年少"，"早起早眠，益寿延年"，"医补不如食补"等就是农民从日常生活经验中总结出来的养生民谚。所谓"好死不如赖活着"、"留得青山在，不怕没柴烧"，更是成为以农民为主体的传统中国人最基本的生活信条和准则。对个人生命延续的执著，也使得人们对"长生不老"很感兴趣，羽化成仙，甚至"举家升天，鸡犬皆仙"也成为人们对生命状态的幻想。

其二是对生命传承和子嗣的极端重视，即通过"子子孙孙无穷尽焉"的生命传衍模式，通过子子孙孙流淌着自己的血液来使自己的生命获得永恒的意义和价值。对于传统中国人来说，长寿不可期，长生不死也只是一种幻想，最实在的方式还是通过生命传衍来光大自己生命的价值。所以，中国农民对子嗣传承极为重视，"做买卖不着只是一时，讨老婆不着是一世"，"不孝有三，无后为大"就是这种心态的典型反映。

对子嗣传承的重视使得农民的婚姻观多为生育型和实际功利型，而非情感型。这也就是说，人们结婚的主要目的是为了传宗接代和增添劳动力，而不是为了夫妻彼此情感上的需要。现阶段，我国有些农村地区早婚早育现象仍十分普遍，也从一个侧面反映了农民通过子嗣延续生命这种生命价值观的深远影响。

财神崇拜表征着传统中国人积敛财富的心理和渴望提高自己经济地位的意向。人们对"财"的理解有两种，一是把"财"当做是发财的过程和结果，二是把"财"当成一种"财运"，只有借助财神爷——赵公元帅（赵公明）的帮助，再加上自己的勤奋努力，才能发财致富。在小农看来，土有"风水"，寿有"寿算"，"禄"有"禄命"，福有"福气"，而财则有"财运"，这种"财运"主要依靠"财神爷"赵公明暗中相助。所以在农民的每家每户中，平时敬“财神”，逢年过节都要接“财神”。特别是除夕之夜，迎“财神”、接“财神”是必需的、非常庄重和神圣的仪式。在心理上，农民“敬财神”、“拜财神”，而在行为上，农民则“赖人力”，即主要靠自己的勤劳和节俭来发财致富。“勤”是“开源”，而“俭”则是“节流”，农谚说“男人是搂钱的耙子，女人是攒钱的匣子”，形象而具体地勾画出农民积累财富的方式和手段。

小农既是劳动者，又是小私人占有者，他们天生具有占有财富、获取财富的心理。而且，财富拥有的多少往往是农村家庭是否能获得尊敬的重要标准，也是农村社区评价一个人能力大小的重要尺度，这就强化了农民敛财的心理。

对土地神（土地菩萨）的崇拜表示小农对乡土的依恋和执著。土地对于农民来说，不仅是财富的源泉、生活的保障，而且是情感和生命产生依托，体现着一种源远流长的人文精神。在乡里社会，地缘与血缘是融为一体的，人们世世代代、祖祖辈辈生活在这块土地上，与土地融为一体，乡土成为农民生活和生命的根基和故土。人们对祖宗家族的认同追思，使他们对土地产生依恋、归属和崇拜。在中国农村民间把死叫做“回老家”，人死叫“叶落归根”、“魂归故土”。所谓“叶落归根”并不是说人死之后葬入故土就算完事，在中国农村民间，丧葬不仅要葬尸（将尸体埋入土地），而且要送魂，把亡魂送到另一个世界的列祖列宗那儿去，人死表面上是归于故土，实际上是归于先祖。土地与人之间的联系既是一种地缘联系，更是一种血缘联系。正是这农民与土地间的这种自然的、血缘的和宗教情感的联系，使得农民对土地难以割舍，对土地顶礼膜拜。

5.1.3 中国传统价值观的当代价值

中国传统价值观是在自然经济为基础、家族血缘为本位的前现代化环境中形成的，是传统农业社会和民族国家在封闭孤立状态下的产物，其核心是“非主体性”价值自我和执著和谐运的价值目标。

作为与现代性所崇尚的“主体性”价值观的背离和反

动，中国传统价值观受到广泛的批判，从现代化和文明的意义上说，这是绝对必需的和合理的。但是，从“反思现代性”和构建社会主义核心价值体系的思想文化资源意义上对其进行历史审查和全面评价，其合理价值和在文化上的意义我们也不能忽视。由于非主体性的核心价值观与社会主义市场经济发展所需要倡导的主体性精神（主体性的合理张扬而非过分张扬，并非只注重工具理性而忽视价值理性）直接矛盾和冲突，自然，中国传统核心价值观就有一个现代转型的问题。

对于中国传统价值观当代命运的分析与评价，我们应该具有历史视野和世界眼光，并且要基于以下两个基本的历史事实：其一是西方资本主义工业文明的发展、技术理性的张扬在给人类带来物质财富和物质享受的同时，也给人类的生存和发展带来了诸多负面效应和深重危机，诸如生态问题、环境问题、能源问题、人与自然以及人与人之间关系的紧张问题、人类的价值理性和人文精神的失落问题等“现代性问题”；其二是东方伦理型工业文明的发展同样带来了经济的高速增长和腾飞，并日益获得世人的瞩目。

因此，我们在审查小农意识的当代命运，确立社会主义市场经济的价值伦理时，必须十分清醒地注意两点：既不能因为中国现代化需要大力发展工业文明、弘扬科技理性而无视人类的价值理性，无视工业文明片面化发展、技术理性过分张扬而带来的全球问题和反主体效应，从而对小农价值观持全盘否定的态度，无视其对医治西方“社会病”和确立社会主义市场经济的价值伦理中的有用成分和借鉴意义；另一方面，更不能够因为西方工业文明的片面化发展、技术理性的过度张扬在西方发达资本主义工业文明国家带来了诸多负面效应，而压抑中国工业文明的发展、科技理性的弘扬，从而把中国农民传统价值观加以无限美化，认为它是医治西方“社会病”的灵丹妙药，从而延误中国现代化的历史进程。因为中国社会主义现代化与西方发达资本主义国家现代化之间存在巨大的“落差”：我们不是在高度工业文明和科技理性基础上进行社会主义现代化建设的，而是在自然半自然农业文明的基础上开始社会主义现代化进程的，发展现代工业文明、弘扬科技理性和人的主体性的思想启蒙任务远没有完成。当然，当今中国社会在地区之间发展不平衡，既存在前现代化问题，又有现代性问题，还有后现代问题。但是，对于中国绝大多数地区尤其是广大中西部农村地区来说，才刚刚开始“主体性的黎明”，还没有发展到“主体性的黄昏”。因此，当今中国社会仍需弘扬和发展工业文明、科技理性和人的主体性，只不过弘扬和发展的具体道路可以根据自己国家的历史和民族文化传统、现实国情和国际环境加以选择，要走中国特色社会主义的现代化发展道路。实际上，在中国传统价值观念中，有许多层面的内容都是与社会主义现代化所要确立的社会文化心理、伦理价值原则直接相抵触的，它羁绊和掣肘中国现代化的进程，对此我们应该予以否定、批判和摒弃。但是，中国传统价值观中也有许多对防止西方工业技术文明的片面发展、对医治“西方社会病”有借鉴价值的东西，这就需要我们细心地将其剥离出来，加以正确的引导和改造，使其转化为对社会主义现代化有用的思想文化资源。有鉴于此，我们认为，在确立中国农民传统价值观的评价原则时，我们必须站在中国传统文化、西方文化与社会主义现代化的历史交会点上，以是否有利于中国特色社会主义现代化建设（包括社会主义市场经济建设、社会主义民主政治建设和社会主义先进文化建设）为现实的参照系和价值坐标，运用文明的发展与文化的进步相统一、历史评价与道德评价相统一、生产力的标准与人自由全面发展标准相统一的多维评价标准，来进行具体的、历史的、客观的评价，才能对中国农民传统价值观的当代命运及其合理走向，作出科学而合理的价值定位和价值判断，从而才能促使其向科学的、合理的现代化方向转化。

对于中国传统核心价值观评价及其对于构建社会主义核心价值观思想资源的借鉴问题，我们有以下几点粗浅看法：

第一，中国传统核心价值观是在人类的主体自我意识有了一定程度的发展但又发展得不充分、不发达的状况下出现的。因此，必须把它置于人类主体自我意识的发展进程中来加以认识和评价。

第二，中国传统核心价值观是在自给自足的小生产方式基础上产生和发展起来的。因此，必须联系小生产方式在人类生产方式中的历史地位，来评判中国传统核心价值观的优劣得失。

第三，中国传统核心价值观的评价，必须站在中国传统文化、西方文化与社会主义现代化的历史交会点上，以是否有利于社会主义市场经济的发展和社会主义核心价值观构建为现实的参照系统和价值坐标，运用文明的发展与文化的进步相统一、历史评价尺度与道德评价尺度相统一、生产力标准与人的自由全面发展标准相统一的多维评价标准，来对小农意识进行具体的、历史的评价，才能对中国传统核心价值观的当代命运作出科学而合理的定位和价值判断。否则，只能失之偏颇。

第四，中国传统核心价值观最本质的特征是非主体性。这与社会主义市场经济发展和社会主义核心价值观构建所需要弘扬的主体性精神是相矛盾和抵触的。因此，变革小农意识，弘扬人的主体性，实现小农意识的现代化转型是完全必要的。但在弘扬人的主体性的同时，也要防止主体性的过分张扬，防止反主体效应的出现。

第五，中国传统核心价值观要促使小农意识的创造性转化，实现小农意识的现代化转型，必须大力发展生产力、发展社会主义市场经济、发展科学文化教育事业、弘扬人类的科技理性，二者互为条件、互为因果。但是，在弘扬人类的科技理性、工具理性的同时，也不能无视人类的价值理性，以免人文精神的失落。

对于中国传统价值观对构建社会主义核心价值体系的借鉴意义问题，胡锦涛同志在《求是》杂志 2012 年第 1 期撰文指出，社会主义核心价值体系，是根源于民族优秀文化和社会主义先进文化并吸收人类文明成果发展起来的，是我国社会主义文化的引领和主导。社会主义核心价值观具有极大的包容性，它既以发轫于先秦时期，具有鲜明伦理色彩的儒家价值观以及中国近现代历史上符合时代潮流的价值追求为蓝本，也以肇始于古希腊文明和基督教文化的西方资产阶级核心价值观为镜鉴，是在广泛吸收借鉴世界文明优秀成果的基础上形成的。

中国传统社会各民族、各地域、各时段、各流派、各宗教文化及社会的上层与下层的价值主张与追求各不相同，呈现出百花齐放、百家争鸣的样态，但从总体上来说，占主导地位的还是“仁、义、礼、智、信”儒家核心价值观。虽然儒家的核心价值观是为自给自足的自然经济和封建主义专制政治制度服务的，但是其合理部分可以改造成为社会主义核心价值观的思想资源。经过长期丰富发展和反复的实践循环，中国传统核心价值观最终积淀成为中华民族的文化传统、民族性格、思维方式和精神特质，成为今天我们凝练社会主义核心价值观的思想文化之源。如果社会主义核心价值观不能与中国传统优秀文化衔接，就不能对中国人产生一种根本的吸引力和向心力，就会成为悬浮于空中的海市蜃楼，让人“可望而不可即”，社会主义核心价值观的凝练就会成为无本之木、无源之水，难以形成民族特色和民族气派。因此，我们在凝练社会主义核心价值观时，千万不能割断历史，必须从传统价值观中吸取营养，很好地继承这份历史血脉和价值传统。

5.2 当代西方核心价值观

当代西方核心价值观实际上是当代资本主义的核心价值观，它是建立在资本主义经济基础和政治法律制度之上的意识形态，其目的是维护资本主义的经济基础和政治法律制度，整合资本主义国家人们的价值信仰，指导资本主义国家人们的行为。

5.2.1 形式：自由、民主、平等、博爱、人权

自由、民主、平等、博爱、人权，是资本主义反对封建主义的纲领，经过资产阶级经济学家、政治学家、哲学家的不断凝练以及资产阶级国家机器的不断宣扬和整合，已经成为资本主义的核心价值观。

从英国的《权利法案》到美国的《独立宣言》再到法国的《人权宣言》，从资产阶级自由主义经济学家的鼻祖亚当·斯密到新自由主义者哈耶克、弗里德曼，从资产阶级自由主义政治学家的“三杰”（三个约翰，即：约翰·洛克、

约翰·密尔、约翰·罗尔斯）到法国启蒙思想家卢梭、存在主义哲学家让·保罗·萨特、当代美国政治学家弗朗西斯·福山，无不在论证自由、民主、平等、博爱、人权作为资本主义核心价值观的必要性、可能性、操作性以及作为人类价值的“普适性”。

1689 年英国通过的《权利法案》，以明确的条文限制了国王的权力，约束国王的行为，标志着英国君主立宪制的确立。美国 1776 年美国大陆会议发布的《独立宣言》以及随后的《联邦党人文集》，充分肯定了自由、平等、追求幸福是人固有的权利。1789 年法国制宪会议通过的《人权宣言》，揭示了天赋人权、自由、平等、博爱的原则，体现了摧毁封建君主专制的要求，否定了封建等级制度，成为资产阶级夺取政权和巩固政权的思想理论武器。《权利法案》、《独立宣言》和《人权宣言》是资产阶级反封建斗争的纲领性文件，它具有反对封建专制制度和封建主义“非主体性核心价值观”的历史进步性，将资产阶级的核心价值观（自由、民主、平等、博爱、人权）以法律形式固定下来，确立了资本主义社会的基本原则如自由、人权、权力制衡、私有财产神圣不可侵犯等，以维护资产阶级的核心利益。

从资产阶级思想启蒙运动、资产阶级革命到当代资本主义的历史发展，资本主义的核心价值观从提出论证、不断凝练到丰富发展，已经有将近 500 年的历史。伴随着资本主义从自由竞争的资本主义到垄断资本主义，伴随着垄断资本主义从商品垄断到资本垄断再到国际金融垄断，虽然资本主义经济基础和政治上层建筑不断发生变化，资产阶级在不同历史阶段倡导和强调的价值观重点也有所不同，但是资本主义的核心价值观始终没有发生根本变化。

西方资本主义核心价值观或者说主流价值观，主要包括以下几个方面：

第一，崇拜自由市场经济。资本主义的市场经济是资本主义核心价值观形成的经济基础。西方社会自近代以来流行的自由市场经济，从古典自由主义“看不见的手”的“斯密教条”到新自由主义将政府作为“守夜人”、“看家狗”的功能定位，都极力倡导市场在配置资源中的作用。在自由主义者看来，市场是与自由、平等紧密相连的，市场是天生的自由派、平等派。市场是那只“看不见的手”，通过调节商品价格引导供求平衡。这种基于市场自由流通的供求关系，客观上要求供求双方的平等市场主体定位以及信息通畅对等，否则那只“看不见的手”就不能起到作用，市场就会崩溃。因此，西方资本主义社会要求经济的绝对自由以及个人的绝对自由，自由市场经济是整个西方社会核心价值观的基石，它也同时奠定了当代西方市场本位和个人自由至上的核心价值观。

第二，倡导平等或者程序正义。从社会契约论强调契约双方是平等的主体，到罗尔斯强调自由权平等的原则优于差别原则，资产阶级思想家都强调平等或者程序正义的核心价值观。平等既包括起点平等，也包括过程平等（规则平等），还包括结果平等；既包括程序平等（或者程序正义），也包括实质平等（或者实质正义）。在人类历史上，有三种典型的平等观，农民小生产者平均主义的平等观，资产阶级自由主义的平等观，以及无产阶级的平等观。平均主义的平等观只是强调结果均等，要求平分一切土地和财富，而不考虑起点平等和过程平等；只是强调实质正义而不考虑程序正义，在平均主义者看来，“均平”即“平等”。资产阶级的平等观则只是强调起点（站在同一个起跑线上）平等和过程（机会或者规则）的平等而不考虑结果平等，只是强调程序正义而不考虑实质正义；在他们看来，“自由”即“平等”，而结果的不平等是由于个人能力的发挥不同所致。无产阶级的平等观或者说马克思主义的平等观则既强调起点的平等，又强调过程平等和结果平等；既强调程序正义，又强调实质正义。无产阶级的平等观强调消灭不平等的社会根源——生产资料私有制，解放全人类，最终实现共产主义，因此是彻底的、科学的平等观。

资产阶级的平等观只是强调形式上的平等，其公平正义观只是强调程序正义。我们以当代美国著名政治哲学家罗尔斯的《正义论》为例，做些解释和说明。在罗尔斯看来，正义也就是公平，正义的原则有二：其一是自由权平等的原则，即每个人都是在最大限度上享有和其他人相等的自由权利。其二是差别原则，即社会和经济的不平等应这样安排，使它们：（1）在与正义的储存原则一致的情况下，适合于最少受惠者的最大利益；（2）依系于在机会公平平等的条件下职务和地位向所有人开放。① 显然，罗尔斯的正义论强调的是“相对公平”而不是“绝对平等”、“绝对平均”。而且，在罗尔斯看来，在正义的两个原则中，其次序（优先性、重要性）是不同的：自由原则优于平等原则、机会公平原则优于差别原则。所以，在西方政治哲学界，罗尔斯被认为是“自由主义的社群主义”或者“社群主义的自由主义”或者“新自由主义政治学家”。虽然罗尔斯试图在“自由”与“平等”之间保持“张力”，试图调节“程序正义”与“实质正义”之间的矛盾，但是，“自由”优先、“程序正义”（机会公平）优先是他始终坚持的“核心价值观”。

第三，崇尚个体本位和自我价值。笔者曾经于 2000—2001 年赴美国伊利诺大学政治系作访问研究一年，在此期间曾经与美国马克思主义学者、伊利诺大学政治系菲尔兹教授有过一次对话，我问菲尔兹教授：“美国人的核心价值观是什么?”菲尔兹教授思考了片刻回答说：自由主义（Liberalism）、个人主义（Individualism）。实际上，在西方，强调“自由”与强调“个人”是一个意思，所谓自由就是个人的意志和行为的自由，所谓平等就是个人与个人的平等。西方国家特别推崇个人价值在社会中的体现，鼓励自我突破和个性张扬。而个人自由和平等是与所谓“人权”相联系的，人权的保护就需要宪法和人权法，个人自由、平等、人权需要法律的保障，所以，倡导自由、平等或者程序正义必然强调法治，即“法律目前人人平等”。西方国家通过立法，限制公权（公共权力），保障私权（个人自由）；强调个人人权，漠视集体人权（国家主权、民族自决权）；甚至在日常生活中，通信地址也是将个人放在城市、地区、国家的前面加以凸显，这些都体现了个人本位的核心价值观。实

① 参见约翰·罗尔斯：《正义论》，何怀宏等译，中国社会科学出版社，1988 年版，第 292 页；赵敦华：《劳斯的〈正义论〉解说》，三联书店（香港）有限公司，1988 年版，第 43 页。

际上，当代西方核心价值观是个人主义价值观，个人主义是当代西方人的核心价值观念，自由、平等、博爱、人权都是从个人主义引申和派生出来的，是个人主义在经济、政治、文化等不同领域的体现。

5.2.2 实质：拜金主义、享乐主义、个人主义

资本主义经济是以生产资料资本主义私有制为基础的市场经济，拜金主义是资本的必然逻辑和资本主义发展的必然要求。

拜金主义即对金钱（货币）的盲目崇拜，是主张金钱至上、金钱万能的钱本位价值观。这种价值观把人的价值与商品的价值相混同，以拥有金钱（货币）的多少来评价一个人价值的大小，从而把人与人之间的关系变成纯粹的金钱关系。持这种价值观的人把赚钱当做人生的终极目的和意义，其基本的人生信条是“钱能通神”、“有钱能使鬼推磨”、“一切向钱看”。

拜金主义是滋生于以私有制为基础的阶级社会并且与商品经济相联系的剥削阶级的价值观。私有制和商品经济是拜金主义产生的经济根源，其中生产资料私有制是拜金主义产生的经济基础，而商品经济则是拜金主义产生和存在的社会经济条件。古代经济的基本形态是自然经济，商品经济还处在简单商品经济阶段，金钱拜物教的影响很有限。随着资本主义私有制的出现和商品经济充分发展的市场经济的出现，拜金主义也就成为与资本主义社会发达的商品经济即市场经济相联系的资产阶级的价值观。在资本主义制度下，拜金主义发展到极致。马克思在《1844 年经济学—哲学手稿》中曾引用歌德的《浮士德》和莎士比亚《雅典的泰门》中人物的语言，生动而深刻地刻画出资本主义制度下金钱万能和拜金主义这一社会现象：“依靠货币而对我存在的东西，我能付钱的东西，即货币能购买的东西，就是我——货币持有者本身。货币的力量多大，我的力量就多大。”① 马克思恩

① 《马克思恩格斯全集》，第 42 卷，人民出版社，1979 年版，第 152～153 页。

格斯在《共产党宣言》中指出：资本主义“使人和人之间除了赤裸裸的利害关系，除了冷酷无情的‘现金交易’，就再也没有任何别的联系了。……它把人的尊严变成了交换价值，用一种没有良心的贸易自由代替了无数特许的和自力挣得的自由”。① 在《资本论》中，马克思分析了资本的逻辑和价值追求，指出：资本主义生产方式的特征，第一，“在于这种生产方式的主要当事人，资本家和雇佣工人，本身不过是资本和雇佣劳动的体现者、人格化”；第二，在于“剩余价值的生产是生产的直接目的和决定动机”。

在资本主义社会里，拜金主义与享乐主义、极端个人主义是紧密联系的孪生兄弟。拜金主义必然带来享乐主义（或者消费主义）。由于追求剩余价值的内驱力和竞争的外压力，资本主义必然要不断扩大再生产，不断刺激和扩大消费，其结果必然导致享乐主义（或者消费主义）。享乐主义认为人生的目的和意义是在于追求和满足个人的感官刺激、肉体需要和物质生活的享受。享乐主义者必然是拜金主义者，因为享乐主义者为了寻欢作乐、过纸醉金迷的奢侈生活，必然狂热地追求金钱来挥霍。而拜金主义者拼命地追逐金钱的目的，也往往是为了贪图享受，过腐朽奢靡的生活。而极端个人主义亦即自私自利的个人利己主义，其根本特点是把个人的特殊利益凌驾于社会、集体和他人利益之上，专门谋取和扩张个人的私利，甚至为了不正当的个人利益不惜违犯、损害和牺牲社会、集体和他人的利益。拜金主义者必然是极端个人主义者，因为拜金主义为了谋求自己经济利益（金钱、货币）的最大化，往往会不择手段，当个人利益与社会、集体、他人的利益发生矛盾和冲突时，拜金主义者往往以牺牲社会、集体、他人的利益为代价来换取个人物质利益（金钱、货币）最大化的实现。享乐主义和极端个人主义使人变得贪婪、野蛮、失去人性，使人变得自私自利、唯我独尊，它消磨人们的意志和艰苦创业的精神，动摇人们美好的理想信念，导致道德虚无主义和纵欲主义。

---

① 《马克思恩格斯选集》，第 1 卷，人民出版社，1995 年版，第 275 页。

第二次世界大战之后，消费主义在西方资本主义社会普遍盛行，消费主义成为资本主义国家政府主导和普通民众崇尚的价值观。对于当代资本主义享乐主义（或者消费主义）的价值观，以法兰克福学派、生态学马克思主义等为代表的西方马克思主义者透过消费主义文化现象，对资本主义社会消费主义背后的实质、根源、逻辑以及所带来的社会后果等都进行了深入的剖析和批判，为我们提供了批判的视角和思想资源。

首先，社会控制是资本主义社会消费主义的实质。

法国社会学家波德里亚认为，在资本主义条件下，人们所消费的对象不只是被视为具有某种使用价值的商品和劳务，而且是被看做一种“象征性符号”，代表的是一种地位和身份认同。这样，人们的消费实际上就已经偏离了商品的使用价值和人本来的真正需求的轨道。人们不再从商品的使用价值和自身的需要出发进行消费，而是不断地追求被制造出来和被刺激起来的欲望的满足。因而，这种需求实际上是一种被制造和刺激起来的“虚假需求”，这种消费本质上是一种异化了的消费。例如，他在《消费社会》一书中就指出：“分析的原则仍然是这样：人们从来不消费物的本身（使用价值）——人们总是把物（从广义的角度）用来当做突出你的符号，或让你加入视为理想的团体，或参考一个地位更高的团体来摆脱本团体。”“每日广播并非听上去那样杂乱无章：其有条不紊的轮换强制性地造成了唯一的接受模式，即消费模式。”

资本主义社会这种消费主义的背后所体现的是一种真实的社会控制。现代资本主义社会对人们的控制方式已经发生了很大的变化，控制的重点已经从政治、经济领域转向思想文化领域。在当代资本主义社会，从表面上看，人们的消费是按照自己的需要和意愿随心所欲地进行选择，体现了人的自主性、自由性、主体性，从而弥补了在生产领域中由于劳动异化所遭受的痛苦和不自由。但实际上，在消费领域，同在生产劳动领域中一样，人们也是不自由的。众所周知，资本主义生产的目的就是为了获取更多的剩余价值，获取更多剩余价值的内驱力和激烈竞争的外压力，迫使资本家要不断扩大再生产。而扩大再生产要能够保持可持续性，就需要不断地制造出新的消费需求。为此，资本家通过媒体和广告进行铺天盖地的宣传，不断赋予商品本身以符号化的象征意义，塑造受众的消费理念和消费欲望，把大众培养成巨大的消费者群体，使其产生更多的消费需求。因此，在资本主义社会，人们的消费也是受控制、受操纵的，完全服从于资本主义生产的逻辑，马尔库塞将这种不自由的消费称为“强迫性消费”。

马尔库塞还认为，现代资本主义社会对人的控制变得十分隐蔽，它使人们明明处于被控制之中却感觉不到控制的存在，把受控制、痛苦的生活当做自由的、幸福的生活来接受。工人阶级也不再是反抗的力量、革命的力量，因为他们同所有人一样，都已经成为这个社会丰富物质产品的享受者和满足者。马尔库塞在《单向度的人》一书中指出：“如果工人和他的老板享受同样的电视节目并漫游同样的游乐胜地，如果打字员打扮得同她雇主的女儿一样漂亮，如果黑人也拥有盖地勒牌高级轿车，如果他们阅读同样的报纸，这种相似并不表明阶级的消失，而是表明现存制度下各种人在多大程度上分享着用以维持这种制度的需要和满足。”正是通过这种消费主义文化，当代资本主义社会全面地操纵和支配了人们的精神世界，使人们只专注于追求被制造出来和刺激起来的欲望的满足。工人阶级也不再有阶级意识、斗争意识，人成为单向度的人，社会成为单向度的社会。正是通过这种消费主义，资本主义社会成功地实现了对社会的控制和统治。可以说，消费主义已经成了一种新的意识形态。

其次，价值理性的失落是资本主义社会消费主义盛行的重要原因。

资本主义社会消费主义的产生和发展，离不开近代以来工业革命的发展和科学技术的进步。科学技术在生产中的广泛应用为消费主义的兴起打下了坚实的物质技术基础。正是由于科学技术的发展，才使大规模的机械化大生产成为可能，从而为社会生产出大量的可供消费的物质产品。

然而，我们因此把责任简单归咎于科学技术的发展，显然失之偏颇。因为资本主义消费主义的盛行是近代以来人类科技理性的无度张扬和人的占有欲望无限膨胀的结果，科学技术沦为一种工具，从而导致物对人的统治。从马克思的“商品拜物教”到波德里亚的商品“符号价值”，从经典马克思主义所提出的生产过程中劳动的异化、物化到西方马克思主义提出个人在消费领域中的异化、物化，所反映的正是近代以来资本主义发展过程中价值理性的日益失落，而价值理性失落的结果就是物对人的全面统治。在科学技术凯歌行进的过程中，人们盲目地相信，只要凭借科学技术的进步就必然能够带来社会的进步和人的自由、幸福。只要凭借科学技术的进步，人类就可以征服自然，改造自然，从自然中无限索取我们所需要的东西。莱斯在其著作《自然的控制》中提出，工具理性源于西方哲学文化传统中的“控制自然”的观念，即基督教上帝创世说，创世说“宣布了上帝对宇宙的统治权力以及人对地球上具有生命的创造物的派生统治权”。工具理性的核心就是控制自然的观念，控制自然的目的在于希望通过科学技术进步获得更多的商品。马尔库塞则通过改造马克斯·韦伯的“合理化”概念，把理性分为批判理性（辩证理性、价值理性）和工具理性（技术理性、形式理性）。马尔库塞把批判理性作为真正的理性，它代表真理，以人本身为目的；工具理性被贬斥为意识形态，它不是真理，而是“统治的逻辑”、压迫的工具，它具有工具主义、实用主义、顺从主义的特征。马尔库塞指出，在当代，工具理性已经占据社会的主导地位，已成为社会的组织原则及组织结构，并渗透到社会生活和社会心理的各个层面，成为资本主义控制社会的一种方式和手段。科学技术创造了巨大的物质财富，制造出了人的虚假需要，使人们沉溺于消费的享受之中，达到对社会无批判的认同。失去价值理性关照的科学技术与消费主义如此亲密地结合在一起，论证着资本主义秩序的“合法性”存在。

再次，人的奴役与生态危机是资本主义社会消费主义盛行的后果。

消费主义的盛行导致的不只是单一的人与消费品的二律背反，而是人与自然、人与社会、人与他人、人与自身的多方面的深度矛盾。人们在追求消费过程中，所感受到的并不是更多的自由和快乐，而是陷入到更深的痛苦之中，是所受奴役的加深。整个社会对于消费无限的狂热追逐，也必然带来资源的枯竭、环境的破坏，引发严重的生态危机。

马尔库塞认为，在发达的工业社会里，人们陶醉于经济繁荣的景象之下，按照广告来放松、娱乐、行动和消费，追求时尚，爱或恨别人所爱或所恨的东西，许多人沉浸在对物质的追求和享受之中，没有了对精神完善的追求和终极关怀。在整个工业文明世界，人对人的统治，无论是在规模上还是在效率上，都日益加强。这种"人对人的最有效的征服和摧残恰恰发生在文明之巅，恰恰发生在人类物质和精神成为仿佛可以使人建立一个真正自由的世界的时候"。资本主义社会看起来是在进步，但"资本主义进步的法则寓于这样一个公式：技术进步=社会财富的增长（社会生产总值的增长）= 奴役的加强"，以至于造成这样一个二律背反的世界，"人类已生活在一个世界中，尽管这个世界是被人们自己的知识和劳动所创造的，但已不属于他自己，而是属于与其内在需要相对立的异己的世界"。

在人与自然的关系上，马尔库塞以弗洛伊德的文明理论为基础，指出在生产力水平低下的条件下，由于物质生活资料的匮乏，一方面人们不得不对自己的需要作"必要的压抑"；另一方面，"为了满足人类的需要，必须永远进攻、控制和开发外部自然"。即使现代资本主义生产力水平已经满足了人们的基本物质需要，但追求物质享受的消费主义也必然导致对自然界无尽的索取。资本主义的商品生产者千方百计引导人们把攻击本能引向自然领域，去"开发自然"。所谓"开发自然"，实质上就是"破坏自然"、"盘剥自然"。这种对自然的破坏造成"大气污染和水污染、噪声、工业和商业强占了迄今公众还能涉足的自然区，这一切较之奴役和监禁好不了多少"。而且由于科学技术的发展，"在现在的社会中，尽管自然界本身越来越有效地被控制着，但它反而变成了用来控制人的另一个层面，成为社会延展出来的控制人的手臂。商业化的自然界、污染的自然界、军事化的自然界，不仅在生态学意义上，而且在实存本身的意义上，切断了人的生命氛围。这样的自然界阻挠了人从环境中得到爱欲的宣泄，剥夺了人与自然的合一，使他感到他在自然界之外或成为自然界的异化体”。阿格尔指出，当代资本主义的突出变化就是通过向人们许诺提供不断增长的物质财富和商品，并控制和引导人们的消费需求，使人们沉溺于商品消费中，从而维系了资产阶级统治的合法性。福斯特认为，资本主义的生产目的并不是建立在满足人们基本生活需要，特别是穷人的需要的基础上，而是把追求经济无限增长和利润看做是生产的目的，但自然界本身无法进行自我扩张。这就意味着追求无限增长的资本主义生产体系必然会受到生态环境的制约，最终导致严重的生态危机。

5.2.3 当代西方核心价值观评析

当代西方“自由、民主、平等、博爱、人权”的核心价值观中不少有价值的思想，并不是资产阶级的专利，也不是某个民族、某个国家的“非卖品”，而是人类文明发展进程中的重要成果。如何正确对待和批判借鉴这一核心价值观，是凝练社会主义核心价值观不可回避的一个现实问题。西方核心价值观从古希腊和古罗马时代便开始萌芽，恩格斯指出：“没有希腊文化和罗马帝国所奠定的基础，也就没有现代的欧洲。”① 希腊文明中关于自由、民主、理性、科学、秩序、节制等以及罗马文明中关于“私有财产、法治、权利、公正、共和”等重要观念都构成了当代西方核心价值观的思想渊源。资产阶级在反对封建主义专制社会、建立资产阶级统治的过程中，提出了与当时社会生产力发展水平相适应的一整套核心价值观，如美国的《独立宣言》、法国的《人权宣言》、英国的《人民宪章》，较为完整地表述了资本主义的这种核心价值观——“自由、平等、人权、民主、博爱”。对资本主义核心价值观的作用，列宁曾肯定地说：“资本主义和封建主义相比，是在‘自由’、‘平等’、‘民主’、‘文明’的道路上向前迈进了具有世界历史意义的一步。”②

---

① 《马克思恩格斯选集》，第3卷，人民出版社，1995年版，第524页。

② 《列宁全集》，第37卷，人民出版社，1986年版，第109页。

然而，资本主义核心价值观的缺陷，并不在于“自由”、“平等”、“博爱”这些价值理念本身，而在于资产阶级以抽象的人性论为依据，以绝对的普遍性为方法，借助强大的文化力和话语霸权，把“自由”、“平等”、“博爱”说成是代表整个人类社会普遍利益的“普世价值”，向全世界兜售。马克思曾一针见血地指出：以“自由”、“平等”、“博爱”为核心价值观的资产阶级意识形态，具有虚伪性、唯心性和欺骗性，因为在这些价值理念中，现实的个人利益往往被说成是普遍利益，因此“愈发下降为唯心的词句、有意识的幻想和有目的的虚伪”。①

另外，对于当代资本主义核心价值观，我们要区分内容与形式、现象与本质两个方面，要通过形式看内容，透过现象看本质。当代资本主义的核心价值观无疑是当代资本主义经济基础和政治法律制度在意识形态上的集中反映和表现，其实质是个人主义（自由主义）、拜金主义、享乐主义（消费主义），外在表现形式和口号是自由、民主、平等、人权。

对于当代西方资本主义核心价值观的实质，我们可以从以下几个方面来把握：

第一，资本主义经济的自由性质及其在经济自由遮蔽下的强制性。一方面要看到经济自由对于资本主义社会的重大意义，另一方面要看到任何关于自由和平等的笼统议论都是欺骗性的，这种自由的议论不过是在欺骗工人、欺骗全体受资本剥削的劳动者而已。在实质上，“自由”是一种强制，尤其是在经济全球化的时代下，西方国家的经济强制性有了新的形式，其遮蔽更深，危害更严重。例如，从 1985—1989 年，日本经历了美国针对它发起的金融海啸，直到 20 年后的今天，日本经济都没回暖。自 2008 年美国次贷危机以来，为了保持经济在全球的霸主地位，一方面美国加快印钞，另一方面深度套牢其他国家经济，以更加隐蔽的强制手段维护其世界性的经济剥夺。

第二，资本主义政治的民主性质及其在政治民主遮蔽下

---

① 《马克思恩格斯全集》，第 3 卷，人民出版社，1960 年版，第 331 页。

的专制性。资产阶级民主政治本质上是通过金钱政治达到专政统治，是金钱的民主。在这样的社会里，只有资产阶级的民主和自由，无产阶级则沦为他们专政下的对象，没有任何真正的民主与自由。

第三，科学技术的价值中立性质及其在价值中立遮蔽下的意识形态性。随着科技进步合理和合法的地位与作用的不断彰显，一些资产阶级学者鼓吹科学技术消解意识形态之争，保持“价值中立”。他们认为，科学所固有的事实判断和意识形态所固有的价值判断之间是根本不相容的，价值问题是无真理性可言的，科学技术可以完全脱离价值观而存在，科学技术的发展必然导致阶级“趋同”和阶级“融合”，意识形态将消亡。实际上，这种批判语境的转换，隐蔽地实践了当代资本主义国家的政治意志，具有“超党性”的虚伪性。主张意识形态的终结本身就是一个悖谬，它自身就是一种意识形态，因为它所要求消灭的是与自己对立的意识形态。它看到了“软实力”或文化认同在实现国家利益中的重要作用，从而把意识形态从显性维度推移到隐形层面，试图遮蔽科学技术发展过程中意识形态的扩张。

第四，普世伦理、普世价值遮蔽下的极端霸权性。所谓普世伦理，是在回答全球共同面临的问题过程中所试图谋求的个性价值。事实上，全球共同面临的问题是原来的西方式的价值观无法回答的，因为自启蒙以来，西方的经济主义、物质主义和个人主义受到严重的质疑。在这样的背景下，以西方文化尤其是基督教文化为蓝本制定世界伦理宣言，作为普世的伦理准则，必然无法涵盖道德文化的地域性和特殊性，同时也会导致对其他民族优良道德文化的吞没，并最终形成在普世伦理支配下的单向度话语霸权。尤其是当今世界，资产阶级国家常常打着普世伦理、普世价值的旗号，在许多方面却是口是心非、阳奉阴违，搞双重标准，或借助人道主义的口号，或借助博爱等，来反对他国的伦理秩序，达到“西化”、“分化”它国，实现其文化帝国主义和政治扩张主义的目的。因此可以说，西方社会的所谓普世伦理、普世价值既是虚伪性的，也是极端霸权性的。

总体而言，资本主义的核心价值观是以“自由、民主、平等、人权”为口号，强调对于个人权力和利益的承认、尊重和保护，由此形成了尊重人权、倡导平等、提倡自由的具有积极意义的价值观。但是，在资本主义社会里，真正自由、平等的不是人而是资本，资本主义核心价值观的实质是拜金主义、享乐主义、个人主义。我们既要大胆借鉴资本主义核心价值观中的合理成分，又要划清社会主义核心价值观与资本主义核心价值观的界限，防止拜金主义、享乐主义、个人主义价值观的消极影响。

总之，在凝练社会主义核心价值观的过程中，中国传统核心价值观和资本主义核心价值观是我们必须正确面对而不能回避的问题，超越这两大核心价值观就成为凝练社会主义核心价值观的现实要求和重要任务。我们要有区别地借鉴吸收中国传统和西方社会优秀、合理的价值观，赋予其社会主义的新的价值内涵，从而形成完善的中国特色社会主义核心价值观。

第6章　社会主义核心价值观的表达

目前国内许多地区、城市和行业都结合自己的实际开展了轰轰烈烈的凝练了本单位核心价值观或精神的活动。这种总结凝练活动对于提炼社会主义核心价值观、结合实际进行社会主义核心价值观教育具有重要意义。

从目前相关行业和城市评选结果看，有以下特点：一是内容多突出时代特点，如开放、诚信、求实、创新等；二是试图突出地方历史、自然、行业特色；三是表述方式多用两字、四字词，多数用3～4个词语进行排比，易于诵读和记忆。

但是也存在一些问题：关于行业和城市精神的定位不明确，有的是没有突出地方和行业特点，有的是没有明确的目标。从行业和城市精神评选的初衷看，目的在于给所在行业和特定地域的民众设定奋斗目标方向和工作活动的基本原则。

基于这一要求，一个完美的表述应该满足三方面的要求，即既突出行业特色或地域特点，又要彰显该行业和地区民众工作、生活的基本价值原则和奋斗目标。没有行业和地域特色，就不能称为行业或城市精神，而没有基本的价值原则和奋斗目标，就不能称为是完整的价值观念，其结果将导致与一般的行业规范和地方法规相混同。从这几点衡量目前的行业和城市精神的有关表述，运输行业、卫生行业的行业精神表述比较恰当。城市精神的表述多不成功，或者缺乏地方特色，或者只有理想目标，或者只有行动的基本原则。有的价值原则如“诚信”本是公民的基本价值原则，却被作为一个行业或城市的核心精神，这不免会引起歧义。由于现行的制度制约，许多城市和行业提出的“开放”、“包容”理念有言行不一之嫌。这也说明社会主义核心价值观的建设需要全社会、多方面的共同协作才能奏效。

全国各地城市精神表述语

省份

河北省：坚韧质朴，重信尚义，宽厚包容，求实创新

江苏省：创新、创业、创优

吉林省：同舟共济，激流勇进

广东省：敢为人先，务实进取，开放兼容，敬业奉献

内蒙古自治区：活力、人文、和谐

城市

北京：爱国、创新、包容、厚德

上海：海纳百川，追求卓越

重庆：重山重水，重情重义

南京：开明开放，诚朴诚信，博爱博雅，创业创新

武汉：敢为人先，追求卓越

南宁：能帮就帮，敢做善成

杭州：精致和谐，大气开放

济南：诚信、创新、和谐

深圳：开拓创新，诚信守法，务实高效，团结奉献

长沙：心忧天下，敢为人先

大连：创造、创业、创世

太原：兼容，和谐，诚信，卓越

呼和浩特：（前两名）（1）骏马精神草原气质（2）呼和风细雨养浩然之气建特色青城

广州：务实、求真、宽容、开放、创新

昆明：春融万物，和谐发展，敢为人先，追求卓越

长春：宽容大气、自强不息

青岛：诚信、博大、和谐、卓越

成都：和谐包容，智慧诚信，务实创新

郑州：博大、开放、创新、和谐

南昌：大气、开放、诚信、图强

三亚：极力争取

延安：坚定正确的政治方向，实事求是的思想路线，全心全意为人民服务的根本宗旨，自力更生艰苦奋斗的创业

精神

大庆：为国争光、为民族争气的爱国主义精神，独立自主、自力更生的艰苦创业精神，讲求科学、“三老四严”的求实精神，胸怀全局、为国分忧的奉献精神

无锡：尚德务实、和谐奋进

常州：勤学习、重诚信、敢拼搏、勇创业

宁波：诚信、务实、开放、创新

汕头：海纳百川，负重图强

石狮：团结、自强、务实、奉献

泉州：求是、团结、务实、创新

抚顺：不懈奋斗，无私奉献

西充：充而思充，求新求美

唐山：感恩、博爱、开放、超越

苏州：崇文、融和、创新、致远

荆州：筚路蓝缕、和衷共济、励精图治、发愤图强

徐州：承两汉雄风，集南北大成；展英雄气概，铸徐州辉煌（一等奖）

温州：自强不息自主改革自担风险自求发展（1993年）；敢为天下先特别能创业（1998年）；敢为人先民本和谐（2005年）

九江：融汇九川、敢为人先、勇创实干、追求卓越

新乡：厚善、崇文、敬业、图强

太仓：书承七录船系五洲，毓秀钟灵人争上游

海门：海纳百川、强毅力行

慈溪：慈惠三北、溪通四海

昆山：开放融合、创新卓越

张家港：团结拼搏，负重奋进，自加压力，敢于争先

安阳：文明和谐、创新超越

抚顺：不懈奋斗、无私奉献

鹤岗：创业发展，包容和谐，竞争图强，捷径敢超

襄樊：淡泊明志、宁静致远

金阊：精致卓越、和合昌明

井冈山：坚定信念，艰苦奋斗，实事求是，敢闯新路，依靠群众勇于胜利

南充：尚善若水、润物不争、大志致远、服务笃信

行业精神

当代革命军人核心价值观：忠诚于党、热爱人民、报效国家、献身使命、崇尚荣誉

教师核心价值观：爱岗敬业、关爱学生，刻苦钻研、严谨笃学，勇于创新、奋发进取，淡泊名利、志存高远

医务人员核心价值观：医德高尚，医术高超

中国电信的核心价值观：全面创新，求真务实，以人为本，共创价值

电力行业核心价值观：诚信、负责、合作、创新

银行业的核心价值观：水善利万物而不争，居善地，言善信，心善渊

运输行业核心价值观：人便于行，货畅其流，服务群众，奉献社会

铁路行业：爱党爱国、服务人民、奉献铁路、争创一流

中国移动：正德厚生、臻于至善

中国联通：创新、激情、诚信、和谐

统计系统：真实可信、科学严谨、创新进取、服务人民

政法干警核心价值观：“忠诚、为民、公正、廉洁”

目前对于社会主义核心价值观的研究存在以下方面的问题：

第一，概念厘清不够。价值与价值观、社会主义核心价值与社会主义核心价值观相混淆，二者的区别与联系的理论梳理和系统概括不够深入。

第二，研究方法比较单一。从获得立项首席专家已经发表和出版的成果来看，从哲学（伦理学）角度（侧重价值观研究）和科学社会主义的角度（侧重社会主义本质研究）研究的成果相对较多，而把社会主义与价值观结合起来进行整体性研究的成果相对较少。

第三，缺乏比较视域和历史经验总结。缺乏对社会主义核心价值观与封建主义、资本主义核心价值观的比较研究，缺乏对于中国传统价值观建设、当代西方核心价值观建设、

苏联社会主义核心价值观建设、中国特色社会主义核心价值观建设的历史经验的系统总结。

第四，经典文本研究缺乏。缺乏对马克思主义经典作家、中国化马克思主义者关于社会主义价值观思想的系统梳理和深入研究。

总之，目前关于社会主义价值观的研究，总体上表现为"四多四少"的情况：时政性、零散性的成果比较多，系统性、整体性的学术成果比较少；单学科、浅层次的研究成果比较多，相关学科综合理论研究成果比较少；宏观层面的理论成果比较多，实证层面的微观研究成果比较少；内容上大同小异的成果比较多，有独立见解的创新成果比较少。

6.1 学术表达：以人为本

社会主义核心价值观可以凝练为"以人为本"，"以人为本"是社会主义核心价值观的核心、实质和灵魂，它是在与封建主义"以权为本"的价值观（一切向"权"看、"克己复礼为仁"、维护封建等级尊卑秩序的"礼"）、资本主义"以钱为本"的价值观（一切向"钱"看、拜金主义、享乐主义、个人主义）的对立与比较中获得其内在的规定性的。"以人为本"的通俗化、大众化的表达就是"为人民服务"，其遵循的基本价值原则是"集体主义"。所以，"以人为本"、"为人民服务"、"集体主义"是"三位一体"的，本质上是同一种价值观的不同表达。

6.1.1 以人为本是对中国传统民本主义价值观的继承和发展

在中国的传统文化中，人本、民本的思想资源非常丰富。中国传统文化价值系统的确立、中国传统文化主体内容的嬗变、中国古代各种哲学派别、文化思潮的关注焦点，以及整个中国传统文化的政治主题和价值主题，始终围绕着人生价值目标的揭示、人的自我价值的实现而展开。人为万物之灵，天地之间人为贵，是中国传统文化的基调。

民本思想萌芽于殷周，形成于春秋战国，发展于汉唐，成熟于明清，传承几千年，可谓源远流长。《尚书·泰誓》

记载："唯天地，万物父母；唯人，万物之灵。"这是最早有文字记载的对人的价值的肯定。"民本"一词，语出《尚书·五子之歌》："民唯邦本，本固邦宁。"《管子·霸业》则说："夫霸王之所始也，以人为本，本理则国固，本乱则国危。"这是现在从中国古代文献中找到的唯一直接使用"以人为本"的语句。

春秋战国时代，儒、道、墨、法家都具有"以民为贵"的重民思想，对后世影响深远。其中尤以孔子提出的"仁者爱人"、孟子的民贵君轻的"变置论"和荀子的"舟水之喻"最为著名。孔子极其重视人民的力量。在他看来，治国安邦，头等重要的是得民心；而得民心，最要紧的又是不要失信于民，把民心的得失视为政治的根本。孔子强调"仁者人也"，仁者"爱人"，提倡"爱民"、"养民"、"惠民"、"裕民"等，提出"节用而爱人，使民以时"①，并有"修己以安人"、"修己以安百姓"的主张，在"民、食、表、祭"② 中，民列第一。

孟子在孔子人本思想的基础上，提出了"民为贵，社稷次之，君为轻"③ 的民贵思想，把民本思想发展到了一个新的阶段，并影响中国几千年，成为历代开明统治者维护统治的座右铭。孟子教导统治者说："桀纣之失天下也，失其民也；失其民者，失其心也。得天下有道：得其民，斯得天下矣；得其民有道：得其心，斯得民矣。"④ 他强调指出，"得民心者得天下"，"失其民者失天下"，进而主张统治阶级要"制民之产"、"保民而王"。荀子继承了孟子的民本思想，认为"天之生民，非为君也。天之立君，以为民也"⑤，张扬和凸显人民群众的主体价值。他把君民关系比喻成舟和水的关系，"君者，舟也；庶人者，水也。水则载舟，水则覆舟。"⑥ 提醒统治阶级不可忽视人民的力量和作用，要想维

---

① 《论语·学而》。
② 《论语·尧曰》。
③ 《孟子·尽心下》。
④ 《孟子·离娄上》。
⑤ 《荀子·大略》。
⑥ 《荀子·王制》。

持统治阶级的稳固政权，就必须重视人民群众的地位。

儒家的后继者们继续发展这一理论，使其内涵更加丰富和完备。西汉贾谊提出："夫民者，万世之本也。""国以民为本，社稷亦为民而立。"① 唐太宗李世民认定"君依于国，国依于民"②，进而强调："凡事皆须务本，国以人为本。"③ 白居易在总结历史经验的基础上，进一步阐述了荀子的"舟水"之论。他说："得其人，失其人，非一朝一夕之故，其所由来者渐矣。天地不能顿为寒暑，必渐于春秋；人君不能顿为兴亡，必渐于善恶。善不积，不能勃焉而兴；恶不积，不能忽焉而亡。善与恶，始系于君也；兴与亡，始系于人也。何则？君苟有善，人必知之；知之又知之，其心归之；归之又归，则载舟之水，由是积焉。君苟有恶，人亦知之；知之又知之，其心去之；去之又去之，则覆舟之水，由是作焉。""邦之兴，由得人也；邦之亡，由失人也。"④ 苏轼也认识到人心的重要性："人主之所恃者，人心而已。人心之于主也，如木之有根，如灯之有膏，如鱼之有水，如农夫之有田，如商贾之有财。木无根则槁，灯无膏则灭，鱼无水则死，农夫无田则饥，商贾无财则贫，人主失人则亡，此必然之理，不可逭之灾也。其为可畏，从古以然。"⑤

北宋张载宣传"民胞物与"⑥；司马光认为民是"国之堂基"⑦；朱熹指出"天下之务莫大于寻恤民"⑧，"闻之于政也，民无不为本也。国以为本，君以为本，吏以为本。故国以民为安危，君以民为威侮，吏以民为贵贱。此之谓民无不为本也。"⑨ 明末清初的王夫之说："君以民为基……无民

① 《贾谊〈新书〉卷九・大政上》。
② 《资治通鉴》，卷一九二。
③ 《贞观政要・务农》。
④ 《白居易集》，卷六二。
⑤ 《苏轼文集》。
⑥ 张载：《西铭》。
⑦ 司马光：《惜时》。
⑧ 《宋史・朱熹传》。
⑨ 朱熹：《孟子集注・尽心下》。

而君不立。”① 明末清初的早期启蒙思想家唐甄更明确地指出：“自天子至于县丞史，皆食于农”，“府库民充之”，“官职民养之”。② 如果丧失民心，民众起来造反，是任何力量也阻挡不住的。“天下之大可恃乎？甲兵之多可恃乎？君唯不义无道于民，虽九州为宅，九川为防，九山为阻，破之如椎雀卵也。虽尽荆蛮之金以为兵，尽畿省之籍以为卒，推之如蹶弱童也。”③

20 世纪中国的民本主义承袭了传统儒家的民本主义，同时，它又是中西结合的产物。最具代表性的当推孙中山提出的三民主义：民族、民权、民生，特别是他所倡导的以民生问题为核心的民生主义思想，是其三民主义思想宝库中的瑰宝之一。在他看来，“民生就是人民的生活、社会的生存、国民的生计、群众的生命”。④ 孙中山的民生主义思想，以中国几千年的传统思想文化为基础、参考并吸纳欧美资本主义发展的经验与教训，为中国规划了一条较为符合国情的发展道路。通过这一思想，孙中山试图使中国既能走上民富国强的现代化道路，又能摆脱欧美资本主义发展中出现的动荡和危机。尽管它终究不能引导中国走向现代化道路，却是孙中山终其一生为之奋斗的建设强盛中国的社会理想。

由此可见，民本思想贯穿于整个传统思想中，是中华民族传统文化所包含的一个基本理念。正如金耀基先生所指出的：“中国自孔孟以迄黄梨洲、谭嗣同，一直都有一极强的民本思想贯穿着。任何一位大儒，都几乎是民本思想的鼓吹者。”⑤ 民本思想在我国历史上曾经产生过重要的影响，发挥过巨大的作用，具有重要的历史价值。它重视民众的作用，维护民众的利益，具有深刻的人民性和进步性。在中国的阶级社会中，民本思想对于缓和阶级矛盾、维护社会稳定、恢复和发展生产，都发挥着重要的作用。长期以来，民

① 王夫之：《周易外传》，卷二。

② 《潜书·明鉴》。

③ 《潜书·远谏》。

④ 孙中山：《三民主义》，岳麓书社，2000 年版，第 167 页。

⑤ 金耀基：《从传统到现代》，中国人民大学出版社，1999 年版，第 21 页。

本主义思想像一根中轴线，历代统治者的政策措施围绕这根轴线波动。因此，民本思想的提出和发展，对于我国传统社会的进步和传统政治思想的形成有一定的积极意义，在今天也仍然具有重要的现实价值。但是，民本思想虽然强调了人民的重要作用，客观上有利于维护人民的利益，从总体上看，它并没有把人民群众作为最终目的，而是以稳定现存社会的秩序，维护剥削阶级的统治地位为归宿，倡导民本只是一种手段。历代统治者都热衷于宣扬“民本”，推崇儒学，并逐渐使之成为占统治地位的意识形态和禁锢人民思想的工具，大多因为这些民本思想所致力于构建的是一个纲常有序、人有等级差别的人伦社会，其爱民、体民、恤民的目的是为了劳民、驭民，以达到“君子安位”，最终目的是为了实现“君本主义”，因而具有无法克服的历史局限性。作为中国阶级社会开明统治者推崇的治国理念，民本思想同样打上了阶级和时代的烙印，这是民本思想的严重缺陷，它与“以人为本”所蕴含的现代民主理念、平等理念、发展理念有着本质的不同。

“以人为本”与中国传统的民本思想有着内在的一致性，是一个富有中国文化底蕴的理念，它充分继承和发展了民本思想中的进步内容。但是，传统的民本思想因其时代与阶级的局限，已经不能满足今天的实际需要。因此，我们在继承和弘扬民本思想进步内容的同时，必须清醒地认识到其不足之处，并着眼于现实的需要，用时代发展的最新成果去加以改造和完善。“以人为本”思想体现了新时代的特点和要求，是对传统民本思想的超越和升华。

6.1.2 以人为本是对西方人本主义价值观的扬弃与超越

在西方思想发展史中，人本主义历史观具有悠久的传统和深远的影响。早在古希腊时期，政治家伯里克利就主张：“人是第一重要的，其他都是人的劳动成果。”智者派普罗泰戈拉更明确指出：“人是万物的尺度。”这一命题标志着智者派把哲学研究的对象由自然转向了人，标志着人作为主体的自我意识的觉醒，最终确立了人的主体性地位。此后，苏格拉底将哲学由自然哲学转向伦理学，更是全方位地体现了对人的主体性的重视。对此，美国著名学者安·邦纳曾作过这样的论述："全部希腊文明的出发点和对象是人，它从人的需要出发，它注意的是人的利益和进步，为了求得人的利益和进步，它同时既探索世界也探索人，通过一方探索另一方。"①

在中世纪，哲学成为"神学的婢女"，人的地位被神所淹没。直到近代，以人文主义思潮兴起为标志的欧洲文艺复兴，把人对神的崇尚转向对人自身的崇尚。文艺复兴，从根本上讲，是在资本主义兴起的条件下对古希腊罗马哲学中以人为中心的思想的复兴。进步的思想家们通过复兴古代希腊的文化教育艺术，歌颂人的伟大，赞扬人的价值，主张提高人的地位，维护人的尊严，追求人的解放。他们提出理性是人性的基础，人有意志自由，强调应满足人的欲望和需要，使人能自由发展自己的个性，造就多才多艺、全知全能的人，等等。文艺复兴运动使人本主义成为一种较系统的思想形态，人本主义这个词也是在这个时期才出现的。人本主义作为反对中世纪神权统治的意识形态工具，使社会意识发生从"神本位"向"人本位"的转变，成为资产阶级革命的思想先导。到 17—18 世纪，反封建的启蒙运动思想家和政治家们进一步发扬文艺复兴的人文主义传统，把它提升为以自由、平等、民主、人权为核心的资产阶级革命的政治纲领。

到德国古典哲学，康德和费尔巴哈阐发了哲学形态较为完整的人本主义。康德重视人的生存和价值，强调人是目的而不是手段，人为自然立法。费尔巴哈虽然不理解人的本质关系，但他把人看成是至高无上的存在和哲学的对象。他以抽象的自然的人为对象，以此为基础建立起人本主义学说，并提出了合理的利己主义道德学说、国家观和唯心的社会历史观，强调人在生物学意义上对自然界、他人和社会的依赖。费尔巴哈的人本主义吸取了人类历史上唯物主义尤其是 18 世纪唯物主义的传统，站在德国古典哲学的高度，恢复了

---

① 安·邦纳：《希腊文明》，转引自鲍·季·格里戈里扬：《关于人的本质的哲学》，三联书店，1984 年版，第 28 页。

人的自然形象，为马克思的人学理论及20世纪的人本学说提供了理论素材。

现代人本主义哲学，是当代资产阶级哲学的主流。现代人本主义发展的逻辑是：费尔巴哈在批判宗教和思辨哲学的过程中回到了自然的人，而叔本华的“生存意志”、尼采的“权力意志”到海德格尔、萨特的存在主义则是在批判这种自然人及其日常状态的前提下走向了“超人”。柏格森把主体的能动性归结为生命的原始冲动，即“生命之流”，把主体性看成一种发自生命本源的自我超越能力。弗洛伊德的精神分析论，特别是其中的本能和潜意识学说，弗罗姆的爱欲说，马尔库塞的本能革命说，属于非理性的人本主义，把人提到哲学的中心地位，强调人的非理性因素。马斯洛的科学人本主义提出了需要层次理论作为主体的行为动力，并特别指出，社会发展不仅要有物质需求作为动力，还必须有精神动力，人的尊严、爱心、创造、自我实现等精神性需要，也是不可或缺的类似于本能需要的一种根本性需求。

从现代人本主义的发展逻辑脉络中可以看出，与传统人本主义的理性主义传统不同，现代西方人本主义极力宣扬非理性主义，并且把非理性作了无限的夸大，形成了一股非理性主义思潮。他们要求把人本主义建立在反唯物主义、反理性主义和反功利主义的基础上，主张建立一种以人为中心的本体论。他们认为人是孤立的人，其真实的存在和本质是超出物质和精神的存在之外的。要把握人的存在和世界的本质，主要不能依靠理性，而要依靠非理性的直觉，因而注重于人的非理性情感、意志和心理体验。现代人本主义对于世界前途与现实生活，在一定程度上持悲观态度，在人生、伦理、价值问题上缺乏积极向上的精神。可见现代人本主义在人的问题上与传统人本主义的偏离，既表现出西方社会种种病态现象，又是西方当代资本主义经济、政治矛盾和危机在文化上的反映。资本主义社会不仅没有实现资产阶级在反封建时期提出的自由、平等、博爱的理想，而且在其发展过程中为这些理想的真正实现设置了更多的障碍，现代人本主义就是对这些障碍的病态反抗。

纵观人本主义曲折发展的历史，应该说，这一思潮在一定程度上推动了社会历史的进步，有其一定的历史合理性。一是在“人与神的关系上”，用“以人为本”代替了“以神为本”，把人从对神的依附中解放出来，恢复了人的主体地位。二是在人与人的关系上，提出自由、民主、平等、正义等基本理念，这些理念成为近代以来西方社会的基本精神旗帜，尽管它在实践中存在不少弊病，但毕竟是西方社会的一个普遍认同的、合理的人文价值尺度，对其社会实践有着一定的规约作用。三是在人与社会、人与自然的关系上，弘扬了以人的主体性为核心的人的能动性，相信人对外部世界——自然与社会的控制能力可以无限地增强，这一信念推动着人类社会与科学技术的发展与进步。总的来说，人本主义以人性反对神性、以人权反对神权、以民主反对专制、以自由反对禁锢，弘扬人的主体性和创造性，反对教条的束缚。正因为人本主义包含的合理思想，使它构成现代西方文化的一个核心要素。但是，尽管人本主义者都试图给出一个关于“人”的合理答案，最终都无法摆脱唯心主义历史观的窠臼而具有极端的片面性和抽象性。人本主义设想的人是抽象的人、技术化的人、孤独的人、非历史的人，这些人只是人的一个侧面，因而都没有达到对人的科学认识。正因为人本主义的哲学基础是历史唯心主义，因此，人本主义虽然有其时代进步性和革命性，但其所谓的“人本”最终实际上走向“资本”，它不可能超越历史的局限，难免陷入无法解脱的困境。

总之，现今被称为西方“人本主义”和中国“民本主义”的两种思潮，都是曲折流传，派别多样，观点复杂。但必须肯定的是，他们都在不同程度上包含有现在我们所说的“以人为本”思想的因素，同时又都有各自所处时代和阶级的以及历史观的局限性，都没有超越封建主义的或资本主义思想的局限性。作为社会主义核心价值观的“以人为本”，吸收了中国“民本主义”和西方“人本主义”价值观的精华和合理因素，创造性地发展了以人为本的思想，赋予“以人为本”科学的、丰富的内涵。

6.1.3　作为社会主义核心价值观的以人为本

真正超越“民本”思想和人本主义，对“以人为本”

作出科学说明的是马克思。马克思主义的唯物史观本质上就是以人为本的历史观，马克思在从物质资料的生产出发科学揭示人类社会发展规律的同时，也指明了物质资料生产的主体人民群众创造历史的规律。历史唯物主义强调人民群众是历史的创造者，是推动社会发展的决定力量；人民群众是生产力中最活跃、最能动、最革命的因素，是先进生产力的代表，是社会物质财富和精神财富的创造者，是社会变革的决定性力量。这就第一次将“以人为本”的思想奠定在历史唯物主义的科学基础之上，成为无产阶级及其政党认识世界和改造世界的重要指导原则，成为社会主义的核心价值理念和价值追求。

唯物史观是关于现实的人及其发展规律的科学，人的发展是其理论的基础、核心和最终归宿。在马克思看来，历史进步是社会发展和人的发展相统一的过程，人的需要及其引发的社会基本矛盾是社会发展的源泉和动力，社会发展的目的是为了实现人全面而自由的发展。马克思主义认为以人为本就是以人的本质为本，就是要根据人的本质来引导和规范社会和人自身的发展。什么是人的本质？在《关于费尔巴哈的提纲》中，马克思写道：“人的本质不是单个人所固有的抽象物，在其现实性上，它是一切社会关系的总和。”① 马克思还说过：“人的类特性就是自由自觉的活动。”“各个人的世界历史性的存在，也就是与世界历史直接相联系的各个人的存在。”从这些论述中我们可以看出，马克思认为人的本质是个人、群体和类相统一的现实的人的实践活动，是自然因素、社会因素和精神因素统一的世界历史性的存在。马克思主义所说的“本”，乃“根本”、“本体”、“本位”。以人为本，指人是价值主体和价值本位，是社会发展的目的和归宿所在，社会历史的全部成果是为了人。马克思在《1844年经济学哲学手稿》中指出：共产主义是私有财产，即人的自我异化的积极扬弃，因而通过人并且为了人而对人的本质真正占有，因此它是人自身向社会的人的复归。马克思恩格

① 《马克思恩格斯选集》，第1卷，人民出版社，1995年版，第56页。

斯在《共产党宣言》中写道："代替那存在着阶级和阶级对立的资产阶级旧社会的，将是这样一个联合体，在那里，每个人的自由发展是一切人的自由发展的条件。"可见，马克思主义认为，实现"人的全面而自由的发展"，达到人的全面发展和人与自然、人与社会的全面复归，才是社会发展和人类实践的目的所在。马克思主义视域中的"以人为本"，既肯定人在社会历史发展中的主体实践作用，即以人为主体、以人为动力，依靠人、塑造人、发展人；又肯定了人在社会历史发展中的客体地位，即人类的一切活动都为了人，以人的利益、发展、幸福和自由为出发点和归宿点，以人为本是人的主体与客体、手段与目的的统一。

人是未完成的，人的存在、本质及其内涵是不断发展变化的。马克思主义视域中的"人"和"以人为本"是一个历史范畴，在不同国家及其发展的不同历史时期有着不同的内容和形式。在当今中国，在贯彻落实科学发展观、构建社会主义和谐社会的伟大历史征程中，以人为本具有其特定的内涵和要求。2003年10月党的十六届三中全会通过的《中共中央关于完善社会主义市场经济体制若干重大问题的决定》提出："深化经济体制改革的指导思想和原则……坚持以人为本，树立全面、协调、可持续的发展观，促进经济社会和人的全面发展。"这是我党第一次在正式文件中提出"以人为本"的概念，把以人为本原则规定为科学发展观的根本指导原则。2004年修订宪法时全国人民代表大会把"国家尊重和保障人权"写入宪法。胡锦涛总书记2005年2月19日《在中共中央举办的省部级主要领导干部提高构建社会主义和谐社会能力专题研讨班开班式上的讲话》中，深刻阐述了以人为本的内涵："必须坚持以人为本，始终把最广大人民的根本利益作为党和国家工作的根本出发点和落脚点，在经济发展的基础上不断满足人民群众日益增长的物质文化需要，促进人的全面发展；必须尊重人民群众的创造精神，通过深化改革、创新体制，调动一切积极因素，激发全社会的创造活力。"其后，胡锦涛总书记在2006年3月10日中央人口资源环境工作座谈会上的谈话以及2006年10月党的十六届六中全会中都不断强调坚持以人为本，并补充说明其丰富内涵。党的十六届六中全会《中共中央关于构建社会主义和谐社会若干重大历史问题的决定》，明确指出以人为本是构建社会主义和谐社会的指导原则之一，“必须坚持以人为本。始终把最广大人民的根本利益作为党和国家一切工作的出发点和落脚点，实现好、维护好、发展好最广大人民的根本利益，不断满足人民日益增长的物质文化需要，做到发展为了人民、发展依靠人民、发展成果由人民共享，促进人的全面发展。”2007 年 6 月 25 日在中央党校省部级干部进修班发表的重要讲话中，胡锦涛同志在阐释科学发展观与以人为本的关系时再次强调：科学发展观的核心是以人为本，“做到发展为了人民、发展依靠人民、发展成果由人民共享”。在党的十七大报告中，胡锦涛同志再次强调科学发展观的核心是以人为本，并且明确提出：全心全意为人民服务是党的根本宗旨，党的一切奋斗和工作都是为了造福人民。要始终把实现好、维护好、发展好最广大人民的根本利益作为党和国家一切工作的出发点和落脚点，尊重人民的主体地位，发挥人民的首创精神，保障人民的各项权益，走共同富裕道路，促进人的全面发展，做到发展为了人民、发展依靠人民、发展成果由人民共享。

从以上论述可以看出，以胡锦涛为总书记的党中央既坚持历史唯物主义的人民群众是历史创造者的基本原理，又着眼于新的时代和主题，明确把科学发展观的核心概括为“以人为本”，并且将以人为本作为党和政府一切工作的根本指针，全面而深刻地回答了为谁发展、靠谁发展、发展成果如何分配的问题。

首先，在为谁发展这一价值目标问题上，科学发展观强调发展为了人民，强调“权为民所用，情为民所系，利为民所谋”，强调要把实现好、维护好、发展好最广大人民的根本利益作为党和政府一切方针政策和各项工作的根本出发点和落脚点，坚持以人民群众拥护不拥护、赞成不赞成、高兴不高兴、答应不答应作为衡量党和政府一切政策和工作的标准，把发展的价值目的真正落实到满足人民需要、实现人民利益、提高人民生活水平上。

其次，在靠谁发展这一价值主体问题上，科学发展观强调人民群众是价值的主体，坚持发展依靠人民，强调要尊重人民的主体地位、发挥人民的首创精神，强调密切联系群众、始终相信群众、紧紧依靠群众，最充分地调动人民群众的积极性、主动性和创造性，最大限度地集中人民群众的智慧、经验和力量，最广泛地动员和组织人民群众投身中国特色社会主义建设和中华民族复兴的伟大事业。

再次，在发展成果如何分配这一价值的分配问题上，科学发展观强调人民群众既是价值的创造者，又是价值的享受者，强调发展成果由人民共享，强调要走共同富裕的道路，把改革发展取得的各方面成果体现在不断提高人民群众的生活质量和健康水平上，体现在不断提高人民群众的思想道德素质和科学文化素质上，体现在充分保障人民享有的经济、政治、文化、社会等各方面的权益上，让发展成果惠及全体人民。

6.2　通俗表达：为人民服务

"以人为本"的核心价值观的通俗表达就是"为人民服务"。将社会主义核心价值观凝练和通俗表达为"为人民服务"，既有文本依据，也有现实依据；既简明扼要，又通俗易懂。

首先，将社会主义核心价值观凝练和表达为"为人民服务"有文本依据。马克思恩格斯在《共产党宣言》中明确把无产阶级的运动（国际共产主义运动）看做是绝大多数人的、为绝大多数人谋利益的独立的运动，共产党"没有任何同整个无产阶级的利益不同的利益"。① 马克思在《法兰西内战》中总结了巴黎公社的基本原则：把官僚国家改造为工人阶级领导的崭新的劳动人民当家做主的新式国家，消灭任何官僚特权，把国家官僚改造为全心全意为人民服务的人民公仆，由人民自己选举并可随时罢免的人民代表取代旧式官僚来管理国家，使人民代表置于人民的监督之下，向他的选民和人民负责，定期向人民汇报工作，由人民来决定他们的

① 《马克思恩格斯文集》，第 2 卷，人民出版社，2009 年版，第 44 页。

工作岗位和职责，决定他们的去留。

以毛泽东为核心的党的第一代中央领导集体在领导中国人民取得民主革命胜利之后，在探索社会主义道路的过程中，逐渐认识到人在社会发展中的作用，对人的地位、人的作用、人的价值、人性、人的自由和平等、教育的目的和方针作了深入阐述。毛泽东同志认为，人的因素是最重要的因素，明确提出“世间一切事物中，人是第一个可宝贵的”，并深刻指出，“人民，并且只有人民，才是历史发展的动力”，“人民群众是历史的主人”。毛泽东把马列主义基本原理和中国具体实际相结合，提出了“全心全意为人民服务”的科学论断，认为共产党人除了人民的利益之外没有自己特殊的利益。毛泽东以“为人民服务”通俗而深刻地表达了共产党人的根本宗旨和社会主义核心价值观。在《论联合政府》的政治报告中，毛泽东指出：我们共产党人区别于其他任何政党的又一个显著的标志，就是和最广大的人民群众取得最密切的联系。全心全意地为人民服务，一刻也不脱离群众；一切从人民的利益出发，而不是从个人或小集团的利益出发；向人民负责和向党的领导机关负责的一致性；这些就是我们的出发点。共产党人必须随时准备坚持真理，因为任何真理都是符合于人民利益的；共产党人必须随时准备修正错误，因为任何错误都是不符合于人民利益的。

以邓小平为核心的党的第二代中央领导集体，坚持把社会发展与人的发展统一起来。邓小平创立的中国特色社会主义理论，将“什么是社会主义，怎样建设社会主义”作为两个首要的基本问题提了出来，并对社会主义的本质作了创造性的回答，把发展生产力、摆脱贫困作为人的全面发展的首要前提，把消灭剥削、消除两极分化，最终达到共同富裕作为社会主义的追求目标，把人民“拥护不拥护”、“赞成不赞成”、“高兴不高兴”、“答应不答应”作为判断社会主义改革开放得失成败以及党和政府制定各项方针政策的出发点和归宿；他旗帜鲜明地反对从抽象的人道主义角度来看待我们在社会主义建设过程中的失误，把促进人的发展作为我们建设中国特色社会主义的重要任务；以听取群众呼声、了解群众情绪、代表群众利益，作为我们一切工作的出发点；把

“是否有利于提高人民的生活水平”作为判断社会主义改革开放过程中是非得失的“三个有利于”标准之一；进一步丰富了“为人民服务”的内涵，倡导要尊重群众的首创精神，要尊重知识、尊重人才，充分发挥一切人的社会主义建设的积极性。

十三届四中全会后，以江泽民同志为核心的党的第三代中央领导集体，牢牢把握发展这个时代主题，借鉴西方资本主义国家的发展经验，根据我国经济社会发展取得巨大成就的情况，适时提出了“促进人的全面发展”思想，并明确提出“两个历史过程”相统一，亦即社会的全面发展与人的全面发展过程相统一的重要思想。江泽民指出：“社会生产力和经济文化的发展水平是逐步提高、永无止境的历史过程，人的全面发展程度也是逐步提高、永无止境的历史过程。这两个历史过程应相互结合、相互促进地向前发展。”可以说，明确提出这一思想，并用来指导党的实践，这在马克思主义的发展史上还是第一次。江泽民集中全国全党的集体智慧提出“三个代表”重要思想作为党的执政理念，要求“中国共产党要始终代表最广大人民的根本利益”，并将人的自由全面发展和经济社会发展紧密联系起来，强调我们建设中国特色社会主义的各项事业，我们进行的一切工作，既要着眼于人民现实的物质文化生活需要，又要着眼于人民素质的提高，也要努力促进人的全面发展。“发展是执政兴国的第一要务”、人的自由全面的发展与经济社会发展互动的理论、“三个代表”重要思想，都从更深的层次上体现了对人民主体地位的尊重与弘扬。江泽民强调：“全心全意为人民服务，立党为公，执政为民，是我们党同一切剥削阶级政党的根本区别。”①

胡锦涛强调科学发展观的核心是以人为本，并且明确提出：全心全意为人民服务是党的根本宗旨，党的一切奋斗和工作都是为了造福人民。要始终把实现好、维护好、发展好最广大人民的根本利益作为党和国家一切工作的出发点和落

---

① 《江泽民文选》，第3卷，人民出版社，2006年版，第279页。

脚点，尊重人民的主体地位，发挥人民的首创精神，保障人民的各项权益，走共同富裕道路，促进人的全面发展，做到发展为了人民、发展依靠人民、发展成果由人民共享。

从以上的回顾中，我们可以清楚地看到，除了逐渐突出人在社会发展中的地位，使社会发展内容越变越具体、越来越丰富外，社会发展的价值取向也越来越清晰地指向社会发展内容的本质——人，这体现了我们党对社会发展规律认识的不断深入，也是我们党对马克思主义社会发展理论所做出的重大贡献。正是在对人的发展有了充分认识的基础上，以胡锦涛总书记为代表的新一代领导人提出了“以人为本”的科学发展观，以最大限度地为人民谋利益为价值取向，以实现人的自由全面发展为最终目标，以全面推进社会主义物质文明、政治文明、精神文明和生态文明建设为现实出发点，不断向党的最终目标迈进，从而使科学发展观具有了与以往传统发展观不同的新特点。倡导以人为本的科学发展观和价值观，既继承和坚持了马克思主义的基本原理，又凝结了党执政兴国的新经验，体现了新的时代精神的精华，是中国共产党人对国内外社会主义建设及共产党执政经验教训的概括和总结，也是领导全国人民全面建设小康社会、实现中华民族伟大复兴的必然要求，表明了我们党对人类社会发展规律、社会主义建设规律和执政党执政规律的认识的深化，进一步丰富和发展了马克思主义，在社会主义现代化建设新的历史条件下为马克思主义发展观注入了崭新的时代内涵，是马克思主义的社会发展理论在当代中国的新发展。

其次，将社会主义核心价值观凝练和表达为“为人民服务”有现实依据。从现实情况看，“为人民服务”简洁明快、通俗易懂，为人民群众喜闻乐见。事实上，目前我们各级党委政府门口一般都树立了“为人民服务”的标牌，“为人民服务”作为社会主义核心价值观的本质内涵已经深入人心。

再次，“为人民服务”具有可以操作性。目前关于社会主义核心价值体系的四条、五个方面的表达比较抽象、不好操作。而“为人民服务”具有很大的操作性。例如，作为党和国家机关工作人员，“为人民服务”就体现在服务基层群众，“为官一任、造福一方”；作为工人、农民，就是要把工业产品做好、把粮食种好，通过奉献高数量、高质量的产品、粮食“为人民服务”；作为教师，就是要“教书育人”，把教学、科研搞好，“为学生服务”；作为商人，就是要“公平交易、童叟无欺”，做好“售后服务”，“为消费者服务”；作为军人，就是要“保家卫国”，保卫国家领土完整和国家安全，“为国家和民族的安全服务”。

社会主义核心价值体系

一个民族共同的核心价值体系关系到一个国家、一个民族、一个政党能否形成强大的凝聚力、向心力和战斗力，甚至关乎其兴衰存亡。在当今经济全球化、政治多极化、文化多元化的网络信息时代，世界范围内各种思想文化交流、交融与交锋，实质上是社会主义与资本主义两种思想价值体系的较量。中国共产党理性应对思想意识形态领域存在的问题和冲突，及时提出社会主义核心价值体系，并把社会主义核心价值体系作为兴国之魂，把社会主义核心价值体系建设作为社会主义和谐文化建设的根本，以社会主义核心价值体系建设为基础工程和灵魂工程，探索中国特色社会主义文化强国之路。当今形势下，只有加强社会主义核心价值体系建设，积极培育践行社会主义核心价值观，中国特色社会主义道路自信、理论自信、制度自信才能得以增强。

第7章 社会主义核心价值体系的基本内容及其最新凝练

2006年党的第十六届六中全会通过《中共中央关于构建社会主义和谐社会若干重大问题的决定》指出："马克思主义指导思想，中国特色社会主义共同理想，以爱国主义为核心的民族精神和以改革创新为核心的时代精神，社会主义荣辱观，构成社会主义核心价值体系的基本内容。"① 这一概括是在传承、借鉴外来民族价值观的合理因素，积极发掘中华民族几千年来最优秀价值观遗产的基础上，对中国特色社会主义的思想旗帜、发展道路、精神风貌、理想目标、行为规范等基本问题的高度提炼，它是社会主义意识形态的本质体现和中国人民共同的思想道德基础和精神纽带。2011年党的第十七届六中全会《中央关于推动文化大发展大繁荣若干重大问题的决定》指出，社会主义核心价值体系是兴国之魂，是社会主义先进文化的精髓。党的十八大报告对社会主义核心价值体系建设提出了新部署、新要求，强调要深入开展社会主义核心价值体系学习教育，用社会主义核心价值体系引领社会思潮、凝聚社会共识，并用24个字概括了覆盖全国各方面意见、反映现阶段全国人民最大公约数的社会主义核心价值观，即"倡导富强、民主、文明、和谐，倡导自由、平等、公正、法治，倡导爱国、敬业、诚信、友善，积极培育和践行社会主义核心价值观"。这是我们党在新的历史时期，站在建设人民群众精神家园、建设社会主义文化强国、实现中华民族伟大复兴的战略高度，首次提出社会主义核心价值观的概念及具体内容。"三个倡导"是社会主义核心价值体系的精神内核和本质规定的最新凝练和简明表达。

---

① 《中共中央关于构建社会主义和谐社会若干重大问题的决定》，载《光明日报》2006年10月19日。

7.1　社会主义核心价值体系的灵魂——马克思主义指导思想

马克思主义是社会主义核心价值体系的核心和灵魂，它决定着社会主义核心价值体系的性质和方向。恩格斯曾指出："一个民族要想登上科学的高峰，究竟是不能离开理论思维的。"① 任何时代，任何社会，"对社会主义思想体系的任何轻视和任何脱离，都意味着资产阶级思想体系的加强"。② 毛泽东同志曾提出："指导我们思想的理论基础是马克思列宁主义。"③ 中国共产党无论革命、建设还是改革时期，都十分注重用马克思主义的无产阶级思想体系武装全党，教育人民。"每当革命和建设的重大关头，我们党总是结合不断发展的实际，加强理论学习，提高全党的马克思主义水平，这是一条宝贵的历史经验。"④ "开展中国特色社会主义理论体系宣传普及活动，推动当代中国马克思主义大众化"⑤，以巩固马克思主义在意识形态领域的指导地位。当代中国，马克思主义是我们的政党价值观和政党意识形态，它决定了中国特色社会主义文化强国的性质和方向，也决定着中国特色社会主义的健康发展。社会主义核心价值观必须坚持马克思主义指导思想，"三个倡导" 即是马克思主义在国家层面、社会层面和个人层面价值规范和导向的具体体现。

7.1.1　马克思主义是指导中国特色社会主义的世界观和方法论

马克思主义是科学的世界观和方法论，是世界无产阶级

---

① 《马克思恩格斯选集》，第 4 卷，人民出版社，1995 年版，第 285 页。

② 《列宁选集》，第 1 卷，人民出版社，1995 年版，第 327 页。

③ 《毛泽东文集》，第 6 卷，人民出版社，1999 年版，第 350 页。

④ 中央文献编写组：《十五大以来重要文献选编》（上），人民出版社，2000 年版，第 425 页。

⑤ 本书编写组：《十七大报告辅导读本》，人民出版社，2007 年版，第 33 页。

借以解释世界和改造世界的科学理论武器。中国共产党自成立起就把马克思主义写在自己的旗帜上，从此以后，中国共产党用马克思主义这一科学的精神武器改变着中国社会的面貌。马克思主义植根于现实，又必须在现实中才能充分发挥其理论魅力和实践价值。坚持马克思主义指导中国特色社会主义，是中国社会历史与现实的必然选择，也是总结国际社会发展经验教训得出的必然结果。从国内历史纵向比较看，古代中国，历朝历代以儒学为主流指导思想的朝代无不出现土地兼并、贫富分化等社会矛盾日益尖锐的现象；近代中国在儒学作为统治阶级指导思想的情况下，丧失了民族独立，沦为半殖民地；而一旦中国先进知识分子失望于西洋文明和传统儒学的救世方案，转而学习东洋文明——十月革命给中国送来了马克思主义后，中国革命面貌就焕然一新。科学社会主义基本原则与中国革命、建设与改革实际相结合，成功地探索了中国特色社会主义道路、中国特色社会主义理论体系和中国特色社会主义伟大旗帜，这“一条道路、一个理论体系、一面旗帜”已被我国改革开放的历史性成就所证实。历史与现实正在证明，并将继续证明各种非马克思主义、反马克思主义的思想理论在我国行不通的事实。只有马克思主义及中国化马克思主义是中国特色社会主义的指导思想。

从中国经济社会改革发展的历史轨迹来看，马克思主义基本原理同中国具体实践和时代特征相结合，形成的毛泽东思想、中国特色社会主义理论体系成为中国社会历史发展的理论逻辑，也证实了什么是真正的马克思主义、我们应当如何运用马克思主义。19 世纪末 20 世纪初伯恩施坦把马克思主义基本原理说成是“纯粹的思维的构想”，针对这种教条式地对待马克思主义的现象，恩格斯曾明确指出，马克思播下的是“龙种”，而收获的却只可能是“跳蚤”。他一再强调，马克思的整个世界观不是教义，而是方法。它提供的不是现成的教条，而是进一步研究的出发点和供这种研究使用的方法。19 世纪 90 年代初，列宁曾经同各种反马克思主义思潮进行过不可调和的斗争，坚持捍卫和发展马克思主义唯物史观和唯物辩证法，赢得了俄国社会主义革命的胜利。中国民主革命中，毛泽东把马克思主义普遍真理与中国革命实践相结合，先后同党内的“左”右倾机会主义者进行了坚决的斗争，把马克思主义历史唯物主义和辩证唯物主义用东方语言——“实事求是”表达出来。在改革开放初期，20世纪80年代，邓小平在多次重要谈话中强调：“多年来，存在一个对马克思主义、社会主义的理解问题。”① 他指出：“我们坚信马克思主义，但马克思主义必须与中国实际相结合。只有结合中国实际的马克思主义，才是我们所需要的真正的马克思主义。”② 因此，我们不但要反对各种反马克思主义、非马克思主义的主张和做法，更要反对各种教条主义或马克思主义终结论，即对马克思主义“教条式”的理解和“过时论”的理解都是极端错误的。在这个问题上，我们要善于从历史的错误中吸取经验和教训。十一届三中全会以来，邓小平根据以往革命、建设过程中的经验教训，及时总结出了“一切从实际出发，理论联系实际，实事求是，在实践中检验真理和发展真理”的马克思主义思想路线。③ 新世纪新阶段，江泽民同志在2001年“七一”重要讲话中指出：“马克思主义是我们认识和改造世界的强大思想武器，是指导中国革命、建设和改革的行动指南。马克思主义不是教条，只有正确运用于实践并在实践中不断发展才具有强大生命力。”④ 中国共产党的历代领导核心，在这一科学的思想路线指引下，把马克思主义的世界观和方法论转化为革命、建设和改革开放的现实实践，并取得了一个又一个的进步。马克思主义是指导中国特色社会主义的科学世界观和方法论，需要成为我们真正的行动指南。

从国际社会发展的历史教训来看，新自由主义在拉美、东南亚、前苏联和东欧的推行并不成功，这从反面证实马克

① 《邓小平文选》，第3卷，人民出版社，1993年版，第291页。

② 《邓小平文选》，第3卷，人民出版社，1993年版，第213页。

③ 中央文献编辑室：《中国共产党第十七次全国代表大会文件汇编》，人民出版社，2007年版，第66页。

④ 江泽民：《论“三个代表”》，中央文献出版社，2001年版，第150~151页。

思主义的科学性和正确性。经济改革前的 1961—1981 年，拉美地区 GDP 年均增长率 5.59%，人均 GDP 年均增长率 1.96%；而 1981—2001 年，二者的速度分别降为 2.15% 和 0.34%，即改革后的经济增长速度仅及改革前的 38%。持续的经济低迷导致社会矛盾与冲突加剧，民众自发的社会抗议运动的兴起和许多国家政局的动荡，使推行新自由主义的政府和政党众叛亲离；东南亚国家在新自由主义的指导下，被新自由主义鼓吹者领头掀起的“金融风暴”搜刮殆尽，经济发展水平严重倒退，至今仍没有恢复元气。前苏联和东欧在经济上实行新自由主义的“休克疗法”、在民主政治和思想文化上倡导民主社会主义的理论与实践，结果都无不导致执政党垮台和社会解体。学者吴易风先生指出：“新自由主义推行到哪个国家或地区，哪个国家或地区就会遭到巨大风险和灾难，甚至成为重灾区。”① 他还指出，在最近十多年中，具有典型意义的三类新自由主义重灾区即俄罗斯、其他东欧国家和发生金融危机的亚洲国家的发展事实都证明了西方错误思潮的破产。正如有学者所言：“对中国来说，始终肯定我们的社会主义制度是具有优越性的制度，问题是需要通过改革使它固有的优越性充分发挥出来。因此，改革的性质是社会主义制度的自我完善和发展，目的是使社会主义制度固有的优越性能够始终一贯、充分有效地发挥出来。显然，这里指导改革的理论是马克思主义，是作为马克思主义同当代中国实际相结合的邓小平理论。两种模式、两种共识，产生两种结果，根本原因就在于对改革有不同的指导思想和不同的目标。”② 这是对以“华盛顿共识”为代表的新自由主义和以“北京共识”为代表的中国特色社会主义的鲜明对照的结论。无论现实发展还是学理研究，都异曲同工地得出结论：马克思主义是指导中国特色社会主义唯一科学的世界观和方法论。

---

① 吴易风：《马克思主义经济学和新自由主义经济学》，中国经济出版社，2006 年版，第 179 页。

② 《怎样看待“华盛顿共识”与“北京共识”》，载《华东新闻》，2005 年第 6 期。

7.1.2 马克思主义指导思想是中国共产党和中国人民的精神武器

马克思主义是无产阶级的精神武器，无产阶级是马克思主义的物质武器。马克思主义是无产阶级及其政党的宇宙观。看一个政党是否先进，是不是工人阶级先锋队，主要应看它的理论和纲领是不是马克思主义的。毛泽东曾指出："既要革命，就要有一个革命的党。没有一个革命的党，没有一个按照马克思列宁主义的革命理论和革命风格建立起来的革命党，就不可能领导工人阶级和广大人民群众战胜帝国主义及其走狗。"① 党的先进性首先是体现在理论上的先进性。在马克思主义者看来，只有以先进理论为指南的党，才能以先进理论指导革命和建设实践。但是，没有一个政党天生就能"实现先进战士的作用"。因此，无论民主革命时期，还是改革开放和社会主义现代化建设时期，中国共产党历代领导核心十分强调坚持用马克思主义理论武装全党，教育人民，使中国化马克思主义真正成为中国共产党和中国人民的精神武器。

恩格斯曾在1874年对德国社会民主党人讲："领袖们有责任越来越透彻地理解种种理论问题，越来越多地摆脱那些属于旧世界观的传统言辞的影响，而时时刻刻地注意到：社会主义自从成为科学以来，就要求人们把它当作科学看待，就是说，要求人们去研究它。"② 在中国革命、建设和改革的不同时期，中国共产党十分重视把马克思主义转化为中国人民的精神武器，要求党员干部率先垂范，带头学习研究马克思主义、毛泽东思想和中国特色社会主义理论体系。"重视理论建设和理论指导，是我们党的一个根本特点。重视在思想上建党，是我们党的一条重要政治经验。"③ 学习研究

① 《毛泽东选集》，第4卷，人民出版社，1991年版，第1357页。

② 《马克思恩格斯选集》，第2卷，人民出版社，1995年版，第636页。

③ 江泽民：《论党的建设》，中央文献出版社，2001年版，第536页。

和运用马克思主义理论，党的干部是先锋。在民主革命时期，毛泽东就指出，希望“从我们这次扩大的六中全会之后，来一个全党的学习竞赛，看谁真正地学到了一点东西，看谁学得更多一点，更好一点。我们的工作做得还不错，但如果不加深一步地学习理论，就无法使我们的工作做得更好一些，而只有使我们的工作做得更好一些，才有我们的胜利。因此，学习理论是胜利的条件。在从领导责任的观点上说，如果中国有一百个至二百个系统地而不是零碎地，实际地而不是空洞地，学会了马克思主义的同志，那将是等于打倒一个日本帝国主义”。① 毛泽东要求全体党员认真学习马克思主义哲学，认为“反马克思列宁主义的主观主义的方法，是共产党的大敌，是工人阶级的大敌，是人民的大敌，是民族的大敌，是党性不纯的一种表现”。② 中国民族民主革命之所以取得胜利，其根本原因就是以毛泽东为核心的第一代中央领导集体把马克思主义中国化大众化，让广大中国人民拥有了这一精神武器。

十一届三中全会以来，我们党反复探索和思考的一个问题就是马克思主义如何成为中国人民的精神武器。针对新时期新情况，邓小平曾说过：“现在我还想提出一个新的要求，这不仅是专对新干部，对老干部也同样适用，就是要学习马克思主义理论。或者会有同志问：现在我们是在建设，最需要学专业知识和管理知识，学马克思主义理论有什么实际意义？同志们，这是一种误解。马克思主义理论从来不是教条，而是行动的指南。它要求人们根据它的基本原则和基本方法，不断结合变化着的实际，探索解决新问题的答案，从而也发展马克思主义理论本身。”③ 邓小平一再强调，只有熟悉和掌握了马克思主义的基本理论，才能在实际工作中加强原则性、系统性、预见性和创造性。当今时代，面对国际

---

① 中央文献编辑室：《中共中央文件选集》（1936—1938），中共中央党校出版社，1991 年版，第 657 ~ 658 页。

② 《毛泽东选集》，第 3 卷，人民出版社，1991 年版，第 800 页。

③ 《邓小平文选》，第 3 卷，人民出版社 1993 年版，第 146 ~ 147 页。

多种思潮相互激荡和国内多元意识相互碰撞，应该理性把握各种思潮和价值观的实质，增强对错误思潮的抵制能力和政治鉴别力。1989 年，江泽民同志先后在党的十三届四中全会和党建理论研究班的讲话中指出，一个时期以来，资产阶级自由化思潮的泛滥，资产阶级“民主、自由、人权”口号的蛊惑。利己主义、拜金主义、民族虚无主义和历史虚无主义的滋长，严重腐蚀党的肌体，把党内一些人的思想搞得相当混乱。……有的党员在大是大非面前分不清是非，迷失方向，跟着错误思潮跑。“如果没有辩证唯物主义，历史唯物主义的世界观，就不可能以正确的立场和科学的态度来认识纷繁复杂的客观事物，把握事物发展的规律；就不可能正确地理解和执行党的路线方针政策，避免工作中的偏差；就不可能站在时代的前列，团结和带领广大群众前进。”因此，在“建设什么样的执政党，如何建设执政党”的问题上，江泽民同志对我们党的干部提出了“两个坚定不移”，即坚持马克思主义的基本原理，坚持马克思主义的立场、观点和方法；贯彻解放思想、实事求是的思想路线，勇于追求和探索真理。这是检验我们是不是真正的马克思主义者的试金石。针对 20 世纪 90 年代以来，我国社会主义市场经济体制改革面临纷繁复杂的国际国内局势和各种社会思潮的泛滥，迫切需要马克思主义的立场、观点和方法，对与群众生产、生活密切相关的重大理论和实际问题作出科学合理的解答。因此，当前我们党加强了从理论研究到舆论宣传，各层级加强马克思主义理论武装全党、教育人民的工作。党中央启动并不断推进马克思主义理论研究和建设工程，并强调要处理好马克思主义理论研究和建设中的政治性与学术性辩证统一，要求全党在加强马克思主义理论研究和建设工程建设中，特别增强马克思主义与现实社会问题的亲切感、时代感和针对性。坚持用马克思主义理论武装全党，教育人民，关键是要领会马克思主义精神实质，要着眼于对马克思主义立场、方法全面准确的认识、研究和运用，要弄清楚马克思主义与空想社会主义和西方各种错误思潮的本质区别，把马克思主义基本原则与我国社会主义初级阶段的具体实际结合起来。

马克思主义理论是中国共产党和中国人民的精神武器，

因为理论只要掌握群众，就能转化为改造社会的巨大物质力量。当代中国共产党致力于运用马克思主义宣传群众、教育群众、引导群众，帮助群众真学、真信和真用马克思主义、毛泽东思想和中国特色社会主义理论体系。党的十七大报告提出了“推动当代中国马克思主义大众化”，党的十八大报告再次强调指出，要推进马克思主义中国化、时代化、大众化，坚持不懈地用中国特色社会主义理论体系武装全党、教育人民，深入实施马克思主义理论研究和建设工程，建设哲学社会科学创新体系，推动中国特色社会主义理论体系进教材、进课堂、进头脑。这为我们在新时期加强马克思主义理论掌握群众的工作提供了政治保证和理论依据。我们有理由相信，只要是用马克思主义的精神武器武装起来的中国共产党和中国人民群众，就会具有为中国特色社会主义事业而奋斗的坚定信念，就会让中国特色社会主义道路越走越宽广。

7.2　社会主义核心价值体系的主题——中国特色社会主义共同理想

中国特色社会主义是科学社会主义基本原则与中国具体实际和时代特征相结合的理论形态和实践产物。中国特色社会主义既是一种社会制度，也是中国人民的一种价值取向。它应该涵盖中国特色社会主义旗帜、中国特色社会主义道路、中国特色社会主义理论体系。中国特色社会主义共同理想，即在中国共产党领导下，走中国特色社会主义道路，实现伟大民族复兴。它是社会主义核心价值体系的主题，也是根据中国国情，从价值层面对社会主义本质内涵的科学理解和价值取向。中国特色社会主义共同理想的精神内核和本质规定，就是党的十八大报告凝练的国家主导价值观，即“倡导富强、民主、文明、和谐”。

7.2.1　中国特色社会主义的本质内涵

中国特色社会主义的本质就是解放生产力，发展生产力，消灭剥削，消除两极分化，实现国家富强，人民共同富裕。中国特色社会主义共同理想是社会主义核心价值体系的主题，是中国人民的共同理想追求。倡导富强、民主、文明、和谐，在很大程度上是中国特色社会主义的本质使然。中国特色社会主义，本质上既不是“中国特色的资本主义”，也不是“中国特色的封建主义”。当然，也不同于各种反马克思主义的或非马克思主义的社会主义。早在20世纪，各个阶级、各个政党集团从不同的立场和利益出发，对社会主义进行不同的解释，诸如民主社会主义、资本社会主义、民族社会主义、封建社会主义，等等，这些形形色色的社会主义言论对国人的思想造成了一定程度的混乱，使一些人对社会主义价值合理性产生怀疑和动摇。而我们要坚定的是我们自己的社会主义，是在我们的民族土壤上选择的社会主义。邓小平曾指出：“我们马克思主义者过去闹革命，就是为社会主义、共产主义崇高理想而奋斗。现在我们搞经济改革，仍然要坚持社会主义道路，坚持共产主义的远大理想，年轻一代尤其要懂得这一点。但问题是什么是社会主义，如何建设社会主义。我们的经验教训有许多条，最重要的一条，就是要搞清楚这个问题。”①

全面深刻地把握中国特色社会主义本质，要遵循中国社会发展历史与逻辑的统一。中国共产党一开始就是先进文化（马克思列宁主义）与先进生产力（工人阶级和工人运动）相结合的产物，她从诞生开始就把社会主义和共产主义确立为自己的信仰和追求。在马克思恩格斯看来，共产主义、社会主义社会里，“社会生产力的发展将如此迅速，以致尽管生产将以所有的人富裕为目的，所有的人的可以自由支配的时间还是会增加”。② 因此，社会主义的根本目的就是要通过发展生产力，来保证一切社会成员从物质上有富足的和一天比一天充裕的物质生活，从精神上能获得体力和智力充分而自由的发展和运用。我们党自十一届三中全会以来，在认真反思以往的政治狂热和斗争哲学基础上，针对国际国内对社会主义问题长期存在的错误理解，向全党全国人民和世界宣布了“社会主义的本质，是解放生产力，发展生产力，消

---

① 《邓小平文选》，第3卷，人民出版社，1993年版，第116页。

② 《马克思恩格斯全集》，第46卷（下），人民出版社，1980年版，第222页。

灭剥削，消除两极分化，最终达到共同富裕”。① 邓小平指出：“我们为社会主义奋斗，不但是因为社会主义有条件比资本主义更快地发展生产力，而且因为只有社会主义才能消除资本主义和其他剥削制度所必然产生的种种贪婪、腐败和不公正现象。”② 但在后来的改革开放进程中，由于在制度设计上过于强调效益和利益最大化，忽略公民权利最大化，导致了经济社会快速发展而效益倾斜、公平有失的现象。党的十六大以来，我们党在积极推动经济发展和社会全面进步的过程中，探索出了民主法治、公平正义、诚信友爱、充满活力、安定有序、人与自然和谐相处的社会主义和谐社会发展路径，凸现公平正义这一社会主义的价值目标。党的十六届六中全会上，以胡锦涛同志为总书记的党中央继承发展了邓小平关于社会主义本质的论断，提出“社会和谐是中国特色社会主义的本质属性”。对中国特色社会主义本质的新认识，在强调生产力得以解放和发展基础上，更加突出了致力于“消灭剥削，消除两极分化”和在“共同富裕”中实现社会的公平正义，进而实现社会主义的动态和谐。党的十八大报告以“三个倡导”的开放式的语义风格，用24个字凝练社会主义核心价值观，其中就突出了“富强”、“文明”、“民主”、“和谐”、“公正”、“法治”等价值追求。

中国特色社会主义立足现实国情，致力于“解放生产力，发展生产力”。在人类社会发展过程中，“个人本身力量发展的历史”也就是“生产力的历史”。③ 马克思主义认为，正是在生产劳动中，生产者也改变着，凝炼出新的品质，造成新的力量和新的观念，造成新的交往方式，新的需要和新的语言。社会主义的价值目标就是要在这一过程中实现人的自由而全面发展。毛泽东在建设社会主义的初期由于缺乏对社会主义本质的充分而全面的认识，把属于社会主义某一方

① 《邓小平文选》，第3卷，人民出版社，1993年版，第373页。

② 《邓小平文选》，第3卷，人民出版社，1993年版，第143页。

③ 《马克思恩格斯选集》，第1卷，人民出版社，1995年版，第124页。

面的特征作为社会主义的本质，单纯强调某一方面的特征(生产关系和上层建筑)，而忽视其他方面（生产力和经济基础)，使得社会主义成了抽象的社会存在和价值追求；加之缺乏对中国社会当时条件下发展社会主义现实基础的认识，导致实践中超越阶段的盲目冒进。1956—1976年的曲折发展历程给我们留下了深刻的教训。社会主义建设新时期，邓小平为驳斥“文化大革命”时期“四人帮”反革命集团所说的“宁要贫穷的社会主义，不要富裕的资本主义”等谬论，他指出，“从一九五八年到一九七八年这二十年的经验告诉我们：贫穷不是社会主义，社会主义要消灭贫穷。不发展生产力，不提高人民的生活水平，不能说是符合社会主义要求的。”① 中国特色社会主义的发展，既要牢牢把握社会主义初级阶段的国情，又要致力于发展社会主义生产力。积极培育践行社会主义核心价值观，必须大力发展生产力，倡导“富强”，追求富强。

中国特色社会主义的价值目标是“消灭剥削，消除两极分化，最终实现共同富裕”。社会主义的终极目标不是公有制，也不是发展生产力，而是全体社会成员物质和文化生活水平的普遍提高，实现公平正义。用邓小平的话说就是“共同富裕”。共同富裕是“体现社会主义本质的一个东西”,②也是体现社会主义方向性、原则性的问题。因此，我们树立中国特色社会主义共同理想，就是要明确这一观点：“社会主义与资本主义不同的特点就是共同富裕，不搞两极分化。创造的财富，第一归国家，第二归人民，不会产生新的资产阶级。”③ 中国特色社会主义建设所探索和实践的“先富——后富——共富”发展道路和发展模式，就是在中国特色社会主义共同理想感召下进行的。中国特色“社会主义的目的就是要全国人民共同富裕，不是两极分化。如果我们的政策导致两极分化，我们就失败了；如果产生了什么新的资

① 《邓小平文选》，第3卷，人民出版社，1995年版，第116页。

② 《邓小平文选》，第3卷，人民出版社，1993年版，第364页。

③ 《邓小平文选》，第3卷，人民出版社1993年版，第123页。

产阶级，那我们就真是走了邪路了。”① 江泽民曾指出：“社会主义应当创造比资本主义更高的生产力，也应当实现资本主义难以达到的社会公正。从根本上说，高效率、社会公正和共同富裕是社会主义本质决定的。”② 胡锦涛在中共中央举办的省部级主要领导干部提高构建社会主义和谐社会能力专题研讨班开班式上讲话中强调指出，维护和实现社会公平正义，涉及广大人民的根本利益，是我国社会主义制度的本质要求，实现社会主义公平正义是发展中国特色社会主义的重大任务。温家宝总理曾五次推荐亚当·斯密的著作《道德情操论》，他指出，这本书里写道，如果一个社会的经济发展成果不能真正分流到大众手中，那么它在道义上将是不得人心的，而且是有风险的，因为它注定会威胁到社会的稳定。对于我们来说，第一是发展，第二是协调发展。是否体现社会的和谐、协调、公平与正义，从某种意义上，是中国特色社会主义的本质所在。

全面理解中国特色社会主义，需要正确认识社会主义基本制度与市场经济的结合关系。由美国学者 D. 格林沃尔德主编的《现代经济词典》中，对“市场经济”一词的解释是：“市场经济是一种经济组织方式，在这种方式下，生产什么样的商品，采用什么方法生产以及生产出来以后谁将得到它们等问题，都依靠供求力量来解决。例如在美国，由个人的进取心、自身利益和技术状况所维持的供给与需求，决定了将生产多少辆汽车，将采用什么技术，以及生产中使用的人和资本各得多少收入等。因此，美国基本上是一种市场经济。然而，美国仍有许多不受市场指导的活动，如许多农产品的产量就是由政府规定的种植面积和所指导的价格决定的。”③ 而在当前意识形态领域，宣扬新自由主义的人把市场经济和社会主义对立起来，企图在中国实行私有化，这已

① 《邓小平文选》，第 3 卷，人民出版社，1993 年版，第 110～111 页。

② 江泽民：《论社会主义市场经济》，中央文献出版社，2006 年版，第 137 页。

③ D. 格林沃尔德：《现代经济词典》，商务印书馆，1981 年版，第 275～276 页。

经对中国特色社会主义市场经济的发展造成了在理论和实践上都不可小觑的危害。对此，我们要有清醒地认识。如果任其泛滥，“误导我国的改革开放，公有制在国民经济中的地位就会丧失，社会主义市场经济就会蜕变成为资本主义市场经济”。① 我们应牢记邓小平同志在1992年视察南方讲话中指出的：“计划多一点还是市场多一点，不是社会主义与资本主义的本质区别。计划经济不等于社会主义，资本主义也有计划；市场经济不等于资本主义，社会主义也有市场。计划和市场都是经济手段。”② 因此，中国特色社会主义的发展，必须在坚持社会主义制度和牢牢把握社会主义初级阶段的前提下，适当增加私有制经济和雇佣劳动形式，改变公有制“一大二公三纯”的实现形式（实现产权关系的分离），只有把社会主义基本制度与市场经济有机结合，才是中国特色社会主义。因此，中国特色社会主义改变了过去教条式地理解和照搬马克思主义一般原则（计划经济、按劳分配、公有制等理论），探索了最能激发生产力发展活力的所有制形式、经济方法和经济手段。

中国特色社会主义的本质内涵，还体现在社会和谐问题上。党的十七大报告指出，“社会和谐是中国特色社会主义的本质属性”。160多年前，马克思在尖锐批判现代工业文明不和谐的弊端时，从人与自然关系角度谈到社会主义社会。他明确地指出，社会是人同自然界完成了的自然主义和自然界实现了的人道主义。随着工业化的进程、人与自然矛盾的加剧，当代中国共产党人及时提出一种与自然和谐共存的一种新价值观念——生态文明。“以人为本”，全面协调可持续发展的科学发展观更加彻底地体现中国特色的社会主义本质。当代中国特色社会主义“加快推进以改善民生为重点的社会建设”，把“关注民生”融入国家意识，用科学发展观“着力解决人民最关心、最直接、最现实的利益问题”，“使全体人民学有所教、劳有所得、病有所医、老有所养、

① 吴易风：《略论新自由主义的影响和危害》，载《当代世界与社会主义》，2004年第2期。

② 《邓小平文选》，第3卷，人民出版社，1993年版，第373页。

住有所居，推动建设和谐社会”。① 可见，中国特色社会主义是在不断追求人与自然、人与社会、人与人的和谐进程中体现出自己特色的。

7.2.2　中国特色社会主义共同理想是中华民族共同的价值追求

马克思主义的唯物史观认为，经济因素固然是社会发展中的决定性因素，但是，有时候，属于上层建筑领域的思想观念在社会发展的某一进程或某一斗争中却可能起到决定性的作用。中国特色社会主义是社会主义核心价值体系的主题，这一共同主题和民族共识，对于中国特色社会主义事业的兴旺发达，在有些时候，无疑起到重大的动力作用。新加坡领导人吴作栋在 1996 年发表国庆献词时曾指出：“进入 21 世纪，我们面对一个比经济更重大的问题，那就是要使全民达成共识，决定我们要一个怎样的新加坡，然后共同努力达到目标。”② 他强调指出培养新加坡人的认同感是比发展经济更重要的工作。这就是说，一个民族的发展，思想观念领域的精神因素有时比经济还显得更重要。党的十八大报告明确提出，“倡导富强、民主、文明、和谐”，这使全体中国人民更加明确我们民族的理想和共同奋斗的目标。中国特色社会主义共同理想的凝聚力和感召力，无疑让全体中国人民更加具有中国特色社会主义道路自信、中国特色社会主义制度自信和中国特色社会主义理论体系的理论自信。

中华民族在不同的历史阶段，都基于民族传统文化因素中以社会为本位的道德价值取向、朴素无神论的哲学基础、“天下大同”的社会理想、马克思主义科学社会主义在中国化进程中形成的民族价值观等民族意识。这些民族共识和社会理想，无论在哪个时期都毫不例外地成为促成全体民族成员在政治上、道义上和精神上的团结一致，成为社会成员推

---

① 胡锦涛：《高举中国特色社会主义伟大旗帜　为夺取全面建设小康社会新胜利而奋斗》，载《人民日报》，2007 年 10 月 25 日。

② 马勇：《90 年代新加坡的精神文明建设及其对我们的启示》，载《东南亚》，1997 年第 1 期。

动历史前行的坚定信念和整个政治努力的关键。江泽民同志曾指出："一个政党的纲领就是一面旗帜。在革命、建设和改革的各个历史阶段中，我们党既有每个阶段的基本纲领即最低纲领，也有作为长远奋斗目标的最高纲领。我们是最低纲领与最高纲领的统一论者。"① 正是因为每个历史时期，都有共同的最低纲领和最高纲领，有了全民族的共识和理想，社会发展才不断地从一个胜利走向另一个胜利，从一个成功走向另一个成功。今天，中国特色社会主义这一主题，像"黏合剂"一样把全体中国人民团结起来，把对中国特色社会主义共同理想的追求转化为现实社会发展的巨大物质力量。

中国特色社会主义的民族共识，体现为其鲜明的民族性。社会主义从俄国到中国的发展，从十月革命到今天，其发展呈现出鲜明的民族性和时代性特点。正如毛泽东所说，认清中国国情，是中国革命的首要前提。我们应该搞清楚中国特色社会主义与马克思主义之间的关系，才能不犯或少犯教条主义的错误。马克思主义是共性、普遍性，而中国特色社会主义是个性和特殊性：中国特色社会主义不是马克思恩格斯设想的共产主义社会第一阶段一开始就是生产力高度发达的社会，而是在小生产占优势、商品生产很不发达的半殖民地半封建社会基础上发展起来的；中国特色社会主义所基于的历史矛盾不是生产社会化和资本主义私人占有之间的矛盾，而是农业经济和封建土地制度、民族资本和帝国主义列强之间的矛盾；中国特色社会主义不是作为资本主义直接对立物的共产主义社会第一阶段，而是后封建社会的直接对立形态。总而言之，中国特色社会主义还是"不够格"的、"不发达"的社会主义。因此，在如何建设问题上，既不能照搬马克思主义曾经的设想，也不能照搬别国的模式。邓小平曾指出："我们过去照搬苏联搞社会主义的模式，带来很多问题。我们很早就发现了，但没有解决好。我们现在要解

① 江泽民：《论三个代表》，中央文献出版社，2001 年版，第 177 页。

决好这个问题，我们要建设的是具有中国自己特色的社会主义。"① 因此，强化中国特色社会主义的民族共识，就是要认清中国特色的民族特点和民族实情。

中国特色社会主义的民族共识，要基于全体社会成员对民族历史的认同。在民主革命时期，中国先进知识分子和革命志士在探索救亡图存道路中悟出："在一个很长的时期内，即从一八四〇年的鸦片战争到一九一九年的五四运动的前夜，共计七十多年中，中国人没有什么思想武器可以抵御帝国主义。旧的顽固的封建主义的思想武器打了败仗了，抵不住，宣告破产了。不得已，中国人被迫从帝国主义的老家即西方资产阶级革命时代的武器库中学来了进化论、天赋人权论和资产阶级共和国等项思想武器和政治方案，组织过政党，举行过革命，以为可以外御列强，内建民国。但是这些东西也和封建主义的思想武器一样，软弱得很，又是抵不住，败下阵来，宣告破产了。"② 但自从十月革命给中国送来了马克思主义，中国人民就"用无产阶级的宇宙观作为观察国家命运的工具，重新考虑自己的问题"。以毛泽东为核心的中国共产党人把马克思列宁主义关于殖民地半殖民地人民民主革命的学说运用于中国革命道路的探索中，制定了党的最低纲领和最高纲领。在后来的革命、建设和改革的不同历史时期，我们党领导全国人民结合当时的历史实际，制定了相应的近期理想，比如，民主革命时期，推翻帝国主义、封建主义和官僚主义"三座大山"，争取民族独立和国家富强是我们的共同理想，即最低纲领；社会主义改造时期，我们党又制定了过渡时期总路线，确立起了过渡时期的共同理想；社会主义建设和改革开放新时期，我们党又结合改革开放的实际，确立了中国特色社会主义共同理想。这些不同历史时期的阶段性社会理想，就是当时历史时期的最低纲领，都为着最高纲领和远大社会理想、崇高理想共产主义而

① 《邓小平文选》，第 3 卷，人民出版社，1993 年版，第 261 页。

② 《毛泽东选集》，第 4 卷，人民出版社，1991 年版，第 1513 ~ 1514 页。

奋斗。

坚定中国特色社会主义的民族共识，要让全体社会成员充分认识到我们当前社会发展的阶段性特点。中国特色社会主义是马克思主义基本原则与当代中国具体实际和时代特征相结合的产物，是马克思主义关于社会主义基本价值目标与我们的现实社会主义具体价值目标相结合的产物，是共产主义远大理想与现实社会主义阶段性理想相结合的产物。因此，发展中国特色社会主义，既要遵循马克思主义科学社会主义的基本原则，也要植根于当代中国社会主义初级阶段的基本国情。比如，在中国特色社会主义民主政治发展实践中，要在充分认识到当代中国社会主义初级阶段基本国情的基础上，正确运用马克思主义经典作家对社会发展阶段论在无产阶级专政问题上的基本原理，即马克思在《哥达纲领批判》中明确指出的："在资本主义社会和共产主义社会之间，有一个从前者变为后者的革命转变时期。同这个时期相适应的也有一个政治上的过渡时期，这个时期的国家只能是无产阶级的革命专政。"① 列宁在《国家与革命》中进一步强调：无产阶级专政"对介于资本主义和'无阶级社会'即共产主义之间的整整一个历史时期都是必要的，——只有懂得这一点的人，才算掌握了马克思国家学说的实质。……从资本主义向共产主义过渡，当然不能不产生非常丰富和多样的政治形式，但本质必然是一样的：都是无产阶级专政。"② 因此，在当前西方民主社会主义的言论叫嚣面前，我们应该保持冷静与理性，坚定地把我国当前的阶段性特点与马克思主义在无产阶级专政问题上的基本原理结合起来，制定出当代中国特色民主政治的发展策略和目标。当然，在如何把马克思主义基本原则与当代中国社会主义初级阶段的实际相结合的问题上，还需要进行许多深层次的探索。

坚定中国特色社会主义的民族共识，最关键的是充分认识和把握当代中国社会"两个没有变"的现实特点。党的十

① 《马克思恩格斯选集》，第3卷，人民出版社，1995年版，第314页。

② 《列宁选集》，第3卷，人民出版社，1995年版，第140页。

七大报告中指出的“两个没有变”，即我国仍处于并将长期处于社会主义初级阶段的基本国情没有变，人民日益增长的物质文化需要同落后的社会生产之间的矛盾这一社会主要矛盾没有变。基于历史教训和国际社会主义发展经验重新思考中国特色社会主义的前途命运，我们更加清醒地认识到，要强化中国特色社会主义共同理想与民族成员的亲切感和现实感，必须让全民族社会成员明确当代中国现实国情的突出特点，既立足实际，又充满理想。实现中国特色社会主义共同理想，既不能犯保守主义的错误，又不能犯超阶段的急躁冒进主义错误。发展中国特色社会主义，就要牢牢把握社会主义初级阶段的现实特点。发展中国特色社会主义，要求全党同志既要树立共产主义的远大理想，坚定信念，以高尚的思想道德要求和鞭策自己，更要脚踏实地地为实现党在现阶段的基本纲领而不懈努力，扎扎实实地做好现阶段的每一项工作。忘记远大理想而只顾眼前，就会失去前进方向；离开现实工作而空谈远大理想，就会脱离实际。① 改革开放30年来的理论与实践，让我国人民更加明确了当代中国特色社会主义共同理想，就是在中国共产党领导下，坚持走社会主义道路，全面建设小康社会，实现中华民族伟大复兴。正是这一共同理想感召，全体中国人民找到了中国特色社会主义的道路：在中国共产党领导下，从实际出发，坚持以经济建设为中心，坚持四项基本原则，坚持改革开放，解放和发展生产力，巩固和完善社会主义制度，建设社会主义市场经济、社会主义民主政治、社会主义先进文化、社会主义和谐社会，建设富强民主文明和谐的社会主义现代化国家。这是一条体现着鲜明的中国特色社会主义伟大旗帜、蕴涵着中国特色社会主义科学理论体系的道路。在这条正确道路指引下，全体中国人民自信而坚定地着眼于“到二〇二〇年全面建设小康社会目标实现之时……成为人民享有更加充分民主权利、具有更高文明素质和精神追求的国家，成为各方面制度更加完善、社会更加充满活力而又安定团结的国家，成为对

① 江泽民：《论“三个代表”》，中央文献出版社，2001年版，第178页。

外更加开放、更加具有亲和力、为人类文明作出更大贡献的国家”。① 因此，致力于中国特色社会主义共同理想的实现，我们需要更加理性地做到以下几个结合：把马克思主义一般原则与当代中国实际相结合；把经济社会发展的长远目标和提高人民生活水平的阶段性任务相结合；把实现人民的长远利益和当前利益相结合；把终极的社会理想和为人民服务的实际行动相结合；把实现终极价值目标和阶段性价值目标相结合，把中国特色社会主义共同理想的理论逻辑与中国人民的生活逻辑相结合。

7.3 社会主义核心价值体系的精髓——民族精神和时代精神

中国人民在长期的共同生活和共同的社会实践基础上，形成的以爱国主义为核心的民族精神和以改革创新为核心的时代精神，正是中国特色社会主义核心价值体系的精髓，正是这一精神支撑，推动了中国社会历经革命、建设和改革，推动着中国特色社会主义事业继续前行。

7.3.1 中华民族创新发展中“两种精神”的交融呈现

中华民族的历史发展伴随着两种精神的渗透和交融。以爱国主义为核心的民族精神，在不同时代体现为以改革创新为核心的时代精神，这两种精神存在着内在的不可分性，前者是后者的基础，后者是前者的具体体现，二者融为一体，交融呈现。任何时代的民族精神都是当时历史时代的精神气质和精神面貌的总体表征，任何时代的时代精神内核和实质也就是当时时代的民族精神。因此，培育时代精神，实际上就是对民族精神的继承、发展、丰富和创新。中国社会在对如何建设社会主义、如何建设执政党、如何推动社会发展等问题的解决过程中，以爱国主义为核心的民族精神和以改革创新为核心的时代精神在不同历史时期都是人们的强大精神支撑。

---

① 胡锦涛：《高举中国特色社会主义伟大旗帜 为夺取全面建设小康社会新胜利而奋斗》，载《人民日报》，2007 年 10 月 25 日。

以爱国主义为核心的民族精神在不同的时代具体化和生动化为以改革创新为核心的时代精神。社会主义建设时期的民族精神就有着不同于民族民主革命时期的民族精神的时代特点。改革开放初期，邓小平反复鼓励人们说："改革开放的胆子要大一些，敢于试验……看准了的，就大胆地试，大胆地闯……没有一点闯的精神，没有一点'冒'的精神……就干不出新的事业。"① 这种"闯"的精神和"冒"的精神就是邓小平在新时期对以爱国主义为核心的民族精神的新理解，这是以改革创新为核心的时代精神的最初表露。改革开放进入攻坚阶段后，江泽民同志在党的十四大报告中，要求"全党大力提倡解放思想、改革创新的精神，尊重科学、真抓实干的精神，顾全大局、团结协作的精神，谦虚谨慎、崇尚先进的精神，艰苦奋斗、无私奉献的精神"。② 随着社会主义建设实践的不断发展，新情况新问题不断出现。在遵循"发展是硬道理"、"发展是执政兴国的第一要务"、"以发展来解决发展中的问题"的进程中，党中央高度重视继承和弘扬民族精神，以爱国主义为核心的民族精神不断被赋予新时代的内涵。比如对艰苦奋斗精神的新内涵，江泽民曾把艰苦奋斗精神时代内涵的核心定位为艰苦创业，而且对艰苦创业精神的时代内涵进行了精辟的概括和阐述。他指出："在全党同志和广大干部群众中，应该积极倡导这样一些现代化建设所要求的创业精神：解放思想、实事求是，积极探索、勇于创新，艰苦奋斗、知难而进，学习外国、自强不息，谦虚谨慎、不骄不躁，同心同德、顾全大局，勤俭节约、清正廉洁，励精图治、无私奉献。"③ 这 16 字既是对艰苦创业精神的时代内涵的高度浓缩，又是对当代中国时代精神的生动表述。

以爱国主义为核心的民族精神和以改革创新为核心的时

① 本书编写组：《邓小平年谱》（1975—1997 年）（下），中央文献出版社，2004 年版，第 1342 页。

② 《十四大以来重要文献选编》（上），人民出版社，1996 年版，第 43 页。

③ 中共中央政策研究室编：《江泽民论社会主义精神文明建设》，中央文献出版社，1999 年版，第 180 页。

代精神，总是随着时代的发展和实践的需要，以不同方式渗透和体现于各行各业的工作实际中。置身于改革开放和社会主义市场经济大潮中的中国特色社会主义，要求我们善于把民族传统文化中的思想精华与社会主义的价值追求融为一体并进行现代性的转化，形成符合社会主义市场经济条件下的思维方式、价值选择。这就要求我们“在马克思主义指导下打破习惯势力和主观偏见的束缚，研究新情况，解决新问题”。① 在对民族精神的继承、发展、丰富和创新中，民族精神在各行各业通过不同方式和途径得以弘扬，体现出不同时代、不同行业的时代精神。比如，作为人文社会科学工作者特别是马克思主义理论研究和教育教学工作者，本身就是民族精神和时代精神理论的研究者和传播者，在履行“为天地立心，为生民立命，为往圣继绝学，为万世开太平”的社会责任中促进学术思维张扬和学术化的创新发展。再如三五九旅的“南泥湾精神”，大庆油田和王进喜“宁可少活20年，也要拿下大油田”的铁人气概，“热爱祖国、无私奉献，自力更生、艰苦奋斗，大力协同、勇于登攀”的“两弹一星”精神，深圳经济特区敢为人先、为民造福的奉献精神，孔繁森鞠躬尽瘁为人民、雪域高原显忠魂的民族精神和时代精神，等等，都在不同时代得到彰显。以爱国主义为核心的民族精神和以改革创新为核心的时代精神，总是交融渗透，不能截然分开。

总之，一个民族的历史发展，总是不能缺乏民族精神和时代精神。而这“两种精神”伴随时代与实践的发展，交融呈现于各行各业，难以截然分开。

7.3.2 在创新发展的民族复兴实践中培育“两种精神”

在创新发展体验民族精神中培育时代精神，是一项大众化、群众化和社会化的全民事业。因此，我们要营造一个全社会都受到熏陶教育的社会大环境，通过榜样效应和群体性、社会性活动培育和强化民族精神与时代精神。首先，

---

① 《邓小平文选》，第2卷，人民出版社，1994年版，第279页。

“榜样的力量是无穷的”。我们应该在全社会树立道德典型，扩大榜样的示范效应。对于不同时期，代表了社会发展方向的杰出人物和群体，要加大力度宣传和推广，使先进集体和先进个人的楷模精神家喻户晓，在广大人民群众中产生潜移默化的效仿效应。在全社会造就一个发扬爱国主义精神和时代精神的良好社会氛围和道德风尚。充分利用这些时代标兵、道德楷模的生动事迹和榜样效应，形成良性的社会舆论环境，能有效激发更多人的爱国主义精神和时代精神。其次，充分利用重点群体带动社会大环境形成良性互动。党员干部和青年学生是具有先进觉悟的重点群体，因此，有效的方法是，把保持党员先进性教育活动、青年学生的民族精神和时代精神体验教育与社会各行各业的精神文明创建活动融合起来。比如，大学生深入基层、深入社区的社会实践（志愿者服务、红色旅游、主题演讲等活动）可以带动城镇社区、乡村民族的精神文化生活，让校外社会群体通过大学生这一思想活跃、富有强烈时代气息的先进群体的活动，感受到时代价值观和民族价值观的丰富内涵。再次，充分运用民族气息浓厚的社会活动（春节、清明节、端午节、中秋节、重阳节等具有浓厚民俗文化的节日活动等）渗透民族精神和时代精神理念，必然也能带动全社会成员从思想到行为接受民族精神和时代精神的教育和熏陶。

在创新发展体验民族精神中培育时代精神，我们要充分开发利用社会生活中的隐性教育因素。在这个问题上，我们可以借鉴其他国家的做法。比如，美国利用各种节日庆典进行爱国主义教育，通过阵亡将士纪念日、退伍军人节、美国独立纪念日、国旗制定纪念日、感恩节、圣诞节等庆祝活动，让国民在自觉不自觉中、在无形和有形中、在有意识和无意识中受到民族历史的教育和民族情感的感化。又如，新加坡通过“华语运动月”、“生产力运动”、“国民意识周”、“睦邻周”、“忠诚周”等集体活动来宣传国家价值观和公共道德，这些做法都值得我们效仿。

自从党的十六届六中全会提出社会主义核心价值体系建设战略以来，全党全国人民在民族精神和时代精神培育实践中，已经取得了可喜的成绩，但更要清醒地认识到目前尚存的薄弱环节和问题所在。比如，为提高民族精神和时代精神教育实效性所应具备的足够的政策支持方面，还需更进一步完善；对社会上各行各业的社会成员的民族精神教育和时代精神渗透教育方面，还缺乏相关的具体可行的制度机制；负责民族精神和时代精神教育和宣传的机构组织方面，还有待切实可行的策划、落实和部署，等等，诸多方面，我们还需在激励机制、协调机制和监管机制的创新上多下工夫。

7.4 社会主义核心价值体系的基础——社会主义荣辱观

每一个阶级、每一个社会乃至每一个时代，都有相应的道德，这是维系社会秩序的“一支无形而有力的手”。正如恩格斯所说：人类社会生活中的“每个社会集团都有它自己的荣辱观”。① 荣辱观是道德的核心。中华民族有崇尚道德的优良传统，中国共产党领导的革命、建设和改革开放实践，无不从伦理道德层面来判断我们行动的是与非，构建全社会认同的荣辱观。社会主义荣辱观是社会主义经济、政治和文化制度在社会公共伦理规范方面的集中表达。以“八荣八耻”为主要内容的社会主义荣辱观集中体现了社会主义市场经济条件下，社会主义思想道德领域的根本规范、根本尺度和根本标准，是中华民族共同的道德规范。党的十八大提出“三个倡导”，积极培育社会主义核心价值观。其中，公民个人层面的价值观规定，就是“爱国、敬业、诚信、友善”。这是中国公民应当恪守的基本行为规范和应当遵循的根本道德准则，是公民基本道德规范的核心要求，体现了社会主义价值追求和公民道德行为的本质属性。

7.4.1 社会主义荣辱观的提出及其内涵

“荣”与“辱”是一对古老的道德价值评价范畴。社会成员具有什么样的“荣”“辱”观念，直接关系到整个社会风尚和整个民族的凝聚力和向心力。荣辱观具有与生俱来的

① 《马克思恩格斯全集》，第 39 卷，人民出版社，1974 年版，第 251 页。

历史性、阶级性和时代性。奴隶社会、封建社会与资本主义社会中的奴隶主阶级、封建主阶级、资产阶级分别都具有与奴隶阶级、农民阶级和无产阶级不同的荣辱观。奴隶社会荣辱观以奴隶主为价值本位，封建社会荣辱观以帝王将相为价值本位，资本主义社会荣辱观以资产阶级为价值本位，社会主义社会荣辱观以人民群众为价值本位。因此，不同时代、不同社会形态，站在不同的阶级立场，就有不同的价值观、道德观和荣辱观。西方资本主义经济条件下，拜金主义、享乐主义、极端利己主义成为人们的价值取向，而我国社会主义制度下却倡导集体主义、社会主义、爱国主义的道德价值观。在同一社会中，在不同的经济体制下，道德观、荣辱观也存在差异。计划经济体制与集中的权威型政治和单一统管的文化相一致；而市场经济体制与现代民主法制型政治和多样自主的文化相一致。但是，不同历史时代，有些价值观和道德观却是人们共同的、一致的价值取向。

当今改革开放和社会主义市场经济条件下，应当坚持和提倡什么、反对和抵制什么；如何辨别是非善恶、判断行为得失、确定价值取向的准则和规范；在家庭生活、职业生活、社会公共生活等领域如何切实践行社会主义、集体主义和爱国主义等精神品质，这无疑成为新时期思想道德建设的重要任务。2006 年 3 月 4 日以胡锦涛总书记为核心的中共中央从现实存在的道德问题出发，对所需要的荣辱观作了全面而深刻的概括，即“要在全社会大力弘扬爱国主义、集体主义、社会主义思想，倡导社会主义基本道德规范，促进良好社会风气的形成和发展。要引导广大干部群众特别是青少年树立社会主义荣辱观，坚持以热爱祖国为荣、以危害祖国为耻，以服务人民为荣、以背离人民为耻，以崇尚科学为荣、以愚昧无知为耻，以辛勤劳动为荣、以好逸恶劳为耻，以团结互助为荣、以损人利己为耻，以诚实守信为荣、以见利忘义为耻，以遵纪守法为荣、以违法乱纪为耻，以艰苦奋斗为荣、以骄奢淫逸为耻”。① 以“八荣八耻”为主要内容的社

① 胡锦涛：《牢固树立社会主义荣辱观》，载《求是》，2006 年第 9 期。

会主义荣辱观是我们党对传统伦理道德和社会主义道德的继承和发展，是在社会主义市场经济条件下培育起来的共同思想道德基础。培育践行社会主义核心价值观，倡导“爱国、敬业、诚信、友善”，就必须培育践行以“八荣八耻”为主要内容的社会主义荣辱观。

“以热爱祖国为荣、以危害祖国为耻”、“以服务人民为荣、以背离人民为耻”是对“国家观”、“人民观”提出的规范要求。我们党向来把祖国和人民利益看得高于一切。早在革命战争年代，毛泽东曾结合中国实际，论述了无产阶级的荣辱标准。他指出：“共产党员无论何时何地都不应以个人利益放在第一位，而应以个人利益服从于民族的和人民群众的利益。因此，自私自利，消极怠工，贪污腐化，风头主义等等，是最可鄙的；而大公无私，积极努力，克己奉公，埋头苦干的精神，才是可尊敬的。”① 改革开放时期，邓小平根据改革开放的实际情况，主要阐述了以国家和人民利益为主要内容的荣辱观。他指出：“中国人民有自己的民族自尊心和自豪感，以热爱祖国、贡献全部力量建设社会主义祖国为最大光荣，以损害社会主义祖国利益、尊严和荣誉为最大耻辱。”② 因此，在当今社会主义市场经济条件下，培育符合社会发展的良好道德风尚，首要的就是加强国民对祖国、对人民、对社会的荣辱观建设，即培养人们“以热爱祖国为荣、以危害祖国为耻，以服务人民为荣、以背离人民为耻”的道德价值取向。社会主义荣辱观中的国家观和人民观，与“三个倡导”中的“民主”、“爱国”、“自由”、“公正”等核心价值观有着共同的价值取向。

“以崇尚科学为荣、以愚昧无知为耻”的“科学观”、“以辛勤劳动为荣、以好逸恶劳为耻”的“劳动观”、“以团结互助为荣、以损人利己为耻”的“义利观”、“以诚实守信为荣、以见利忘义为耻”的“诚信观”、“以遵纪守法为荣、以违法乱纪为耻”的“法纪观”、“以艰苦奋斗为荣、

① 《毛泽东选集》，第2卷，人民出版社，1991年版，第522页。

② 《邓小平选集》，第3卷，人民出版社，1993年版，第3页。

以骄奢淫逸为耻”的“奋斗观”等荣辱观是针对新时期道德领域存在的问题而提出的行为规范要求。当今社会主义市场经济深入发展形势下的社会变革与转型，导致社会道德领域旧的道德规范被破坏，而与社会主义市场经济相适应的道德规范尚未完全建立。如何引导整个社会的精神取向和行为取向有利于中国特色社会主义健康发展，在道德层面上更好地体现社会主义制度的内在灵魂和优越性？如何在社会历史转型时期既要继承和发扬民族文化中的优良道德传统，又要充分体现市场经济条件下的价值取向，把社会主义基本制度与市场经济手段的相容性，体现在道德体系领域的融合生成之中？提出“八荣八耻”的道德观念就是对这些问题的回应。“三个倡导”中明确凝练出的“敬业”、“诚信”、“友善”、“法治”等核心价值观就是社会主义荣辱观的具体化表达和要求。

中国特色社会主义的发展，在思想道德建设领域要求把“八荣八耻”的道德价值理性转化为广大人民群众的行为实践理性，把热爱祖国、服务人民、崇尚科学、辛勤劳动、艰苦奋斗、团结互助、诚实守信、遵纪守法等道德理念体现于构建社会主义和谐社会的实践之中。发展中国特色社会主义的伟大事业，需要良好的社会道德环境才能得以健康顺利地进行。

7.4.2　社会主义荣辱观是科学发展观实践主体的品格要求

人既是社会发展的手段，更是社会发展的目的。中华民族自古以来都十分注重人品问题。早在春秋时期，孔子将知、仁、勇作为一个人立身的三项重要品德。他主张有针对性地进行道德教育，提高人的德行，认为：道之以政，齐之以刑，民免而无耻；道之以德，齐之以礼，有耻且格。邓小平曾指出：“中国的事情能不能办好，社会主义和改革开放能不能坚持，经济能不能快一点发展起来，国家能不能长治久安，从一定意义上说，关键在人。”① 但是，在历史发展

① 《邓小平文选》，第 3 卷，人民出版社，1993 年版，第 380 页。

的进程中，传统美德在少数人心目中逐渐淡化。特别是在当今国际国内思想多样化的时代，市场经济的“商潮”、资本主义的“西潮”、社会主义的“低潮”动摇着一些人的传统伦理道德和革命优秀传统。比如，“老吾老以及人之老，幼吾幼以及人之幼”、“穷则独善其身，达则兼济天下”、“先天下之忧而忧，后天下之乐而乐”等至理名言被一些人所淡忘甚至完全忽视；一些人以个人所达到的实用效果作为衡量善恶、是非、荣辱的标准，为个人利益不惜损害国家、集体与他人的利益，或者为了眼前利益忽视长远利益，为了局部利益忽视全局利益；一些人主张“有用就是真理”、“方便就是道德”，思想上表现为实用主义，行动上表现为功利主义；一些人在处理“义”、“利”关系问题上的思想和行为与社会主义道德原则相违背。在是“取义（仁义道德）”“弃利”，还是“取利（物质利益）”“弃义”的问题上，表现出明显的行为失范、道德滑坡……这些思想和行为与当今构建社会主义和谐社会、发展中国特色社会主义的现实需要明显不相符合。提升科学发展观实践主体的个人道德品格，已成为社会主义思想道德建设的现实课题。党的十六大以来，中国共产党吸取国际社会发展经验，针对当代中国社会结构、社会利益格局、产业结构、增长方式、消费模式等新情况引发的诸多社会矛盾问题，引发对中国特色社会主义应该追求什么样的发展、为什么发展、如何发展等基本问题的创新思考。党的十八大提出“三个倡导”，就是为应对这些问题而创新思考的结果，明确向科学发展观的实践主体——公民的价值观层面提出了要倡导爱国、敬业、诚信、友善。

科学发展观统领中国特色社会主义发展中实现“物”的尺度和“人”的尺度的高度统一，在探索社会发展合规律性与合目的性的反思基础上，对科学发展观的实践主体提出新的道德要求。在社会发展经历“以物为本”的历史反思以后，更加意识到社会发展的“以人为本”的重要性。以“八荣八耻”为主要内容的社会主义荣辱观为科学发展观实践主体提出了道德观念、价值导向、道德规范、行为准则方面的道德标杆。科学发展观的贯彻落实还要求其实践主体既有甘于献身科学的精神，又要在心里时刻装着祖国和人民利益。“以人为本”是科学发展观的本质与核心，发展是科学发展观的第一要义。科学发展观的要旨是：在社会领域，使人从社会关系中解放出来；在生态领域，把人从其余动物中提升出来。通过社会解放走向社会和谐，通过自然解放走向生态和谐。促进人与自然、人与社会、人与人的全面和谐。这些思想要求人们树立“以热爱祖国为荣，以危害祖国为耻”的国家观、“以服务人民为荣，以背离人民为耻”的人民观、“以崇尚科学为荣，以愚昧无知为耻”的科学观。在当今“科学技术是第一生产力”的现实境遇中，科学技术的威力日益突现。但是，一些人却不能正确运用科学技术这把“双刃剑”，西方工业化进程中“资本的逻辑”仍然在社会主义现代化、工业化过程中的局部领域时有发生。“自然界对经济来说既是一个水龙头，又是一个污水池”，“水龙头成了私人财产，污水池则成公共之物”。① 一些人仍为追求最大限度地获取利润，对环境造成破坏、对生态造成危机漠不关心，对我国曾经盲目追随西方经济发展“先污染，后治理”的模式造成了“经济一条腿长，社会一条腿短”的惨痛教训视而不见。当代中国执政党人转而贯彻“民生的逻辑”，遵循马克思曾经强调的“不破坏自然界本身的物质循环过程”，致力于“建设资源节约型、环境友好型”社会，并对人们提出了树立“以辛勤劳动为荣，以好逸恶劳为耻”的劳动观、“以遵纪守法为荣，以违法乱纪为耻”的法纪观。科学发展观的提出已经为我们从生产发展方式和生活消费模式到协调人际关系等各层面提出了更高的道德和觉悟的要求。现今，全民倡导和谐、敬业、法治的核心价值观，就是现实的必然要求。

发展是科学发展观的第一要务。古往今来，推动社会发展的真正英雄，都是具有“精卫填海”和“愚公移山”奋斗观、“艰难困苦、玉汝于成”进取观的勇于开拓进取、大胆创新的人。显然，科学发展观的实践主体是“德才兼备”的人。当今社会主义初级阶段社会生活的主题是发展，社会

① 詹姆斯·奥康纳：《自然的理由——生态学马克思主义研究》，南京大学出版社，2003 年版，第 296 页。

主义初级阶段的现实尤其需要社会发展主体继承优良革命传统，尤其是艰苦奋斗的精神品格。革命先辈方志敏在敌人牢狱中曾经写过这么一段话："为着阶级和民族的解放，为着党的事业的成功，我毫不稀罕那华丽的大厦，却宁愿居住在卑陋潮湿的茅棚；不稀罕美味的西餐大菜，宁愿吞嚼刺口的苞粟和菜根；不稀罕舒服柔软的钢丝床，宁愿睡在猪栏狗巢似的住所！……一切难于忍受的生活，我都能忍受下去！这些都不能丝毫动摇我的决心，相反地，是更加磨炼我的意志！我能舍弃一切，但是不能舍弃党，舍弃阶级，舍弃革命事业。"这番掷地有声的自述，集中反映了共产党人艰苦奋斗的崇高精神境界。江泽民对此曾非常深情地感叹："这是何等坚定的革命信念！何等高尚的精神情操！"① 在当今风险与机遇并存的21世纪，中国特色社会主义科学发展、社会和谐，越来越依靠具备这样的道德取向的劳动者。

科学发展观的实践主体应当懂得全面、协调和可持续的发展要求、统筹兼顾的发展方法。科学发展观要求统筹城乡、统筹区域、统筹经济与社会、统筹国内发展和对外开放、统筹人与自然和谐发展、统筹个人利益和集体利益、局部利益和整体利益、当前利益和长远利益。人与自然、人与人、人与社会的和谐是科学发展观的价值追求。当前社会转型中，一些人只顾个人利益、局部利益、眼前利益，不惜给他人和社会带来精神和物质的损失。这些思想意识和行为表现已成为社会主义向前发展的巨大障碍。当下中国社会，构建社会主义和谐社会还面临诸多不协调、不平衡、不和谐的矛盾和冲突，需要大力加强科学发展观实践主体的社会主义荣辱观教育。正如1995年1月19日江泽民在出席全国宣传部长会议座谈时的讲话中所指出的："中央一直强调加强爱国主义、集体主义、社会主义教育，要把这种宣传教育坚持下去，搞得更好，就需要把它同正确的世界观、人生观、价值观的宣传教育有机结合起来，引导人们树立崇高的理想和信念，正确处理个人、集体、国家的利益关系，绝不能为了

① 江泽民：《大力发扬艰苦奋斗的精神》，载《人民日报》，1997年5月16日。

个人的、小团体的利益损害国家和民族的利益，绝不允许那种‘人为财死、鸟为食亡’、金钱至上等拜金主义、极端个人主义泛滥起来，毒害人民。”① 这就是要求人们树立“以团结互助为荣，以损人利己为耻”的人民观、“以诚实守信为荣，以见利忘义为耻”的义利观。在社会主义市场经济深入发展的条件下，自由、平等、诚信、友善将自觉成为人们自觉遵循的做人准则和价值导向。

发展中国特色社会主义，就是在科学发展观统领下发展中国特色社会主义的政治、经济、文化，并构建中国特色社会主义和谐社会，而社会主义荣辱观正好为其实践主体提供了行为基础和道德规范。只要全社会全体社会成员自觉倡导富强、民主、文明、和谐，自觉倡导自由、平等、公正、法治，自觉倡导爱国、敬业、诚信、友善的核心价值观，就能培育起在科学发展观统领下中国特色社会主义事业的建设主体和发展主体的品格。

7.5 以“三个倡导”凝练社会主义核心价值观的提出及内涵

社会主义核心价值体系是社会主义意识形态的本质体现，是中国特色社会主义制度、中国特色社会主义道路、中国特色社会主义理论体系、中华民族传统文化和中国革命优良传统道德在价值层面的集中表达。党的十八大以扎实推进社会主义文化强国建设、实现中华民族伟大复兴、构建中华民族精神家园的战略眼光，指出“社会主义核心价值体系是兴国之魂，决定着中国特色社会主义发展方向”，并强调“加强社会主义核心价值体系建设”、深入开展社会主义核心价值体系学习教育，用社会主义核心价值体系引领社会思潮、凝聚社会共识。为此，党致力于社会主义核心价值体系精神理念的贯彻落实，把社会主义核心价值体系以24个字的精简表达形式，概括了社会主义核心价值体系的精神内核和本质规定，即“三个倡导”：倡导富强、民主、文明、和

---

① 本书编写组：《毛泽东邓小平江泽民论思想政治工作》，学习出版社，2000年版，第124～125页。

谐，倡导自由、平等、公正、法治，倡导爱国、敬业、诚信、友善。这24个字反映了现阶段全国人民“最大公约数”的精神理念、价值追求和行为规范，表明党中央对加强社会主义核心价值体系建设的战略任务达到了高度的理论自觉，以及以高度的通俗化、大众化、生活化、可操作性积极培育和践行社会主义核心价值观的行为自觉。

7.5.1　社会主义核心价值体系之国家层面的价值导向——富强、民主、文明、和谐

社会主义核心价值体系的主题就是中国特色社会主义共同理想。中国特色社会主义共同理想，就是在中国共产党领导下，坚持中国特色社会主义道路，把中国建设成为富强、民主、文明、和谐的社会主义现代化国家，以实现中华民族伟大复兴。“富强、民主、文明、和谐”是国家主导价值观，现已写入党章和国家宪法。该价值观以定性的方法指明了中国特色社会主义前进方向、奋斗目标、价值取向，反映了中国人民寻求民族复兴的心声和愿景，在社会主义核心价值观中居于统领地位。

第一，关于“富强”。

“富强”英文表达为 Prosperous and Strong 或 Rich and Mighty，即富足而强盛。自古以来，人们就知道财富充裕，力量强大。中国古代典籍中有许多关于“富强”的论述。比如，《管子·形势解》中提到：“主之所以为功者，富强也。故国富兵强，则诸侯服其政，邻敌畏其威。”《史记·李斯列传》提及：“李公用商鞅之法，移风易俗，民以殷盛，国以富强，百姓乐用，诸侯亲服。”“富强”所要表达的是，改变与创造人的发展之物质条件要求。自古以来，人们都有对过上殷实生活的愿望和要求。在我国民主革命时期，中国共产党带领中华儿女追求民族独立，人民解放，是为了解放生产力，过上吃饱穿暖的生活；在社会主义革命和建设时期，我们党又不懈探索解放生产力，发展生产力的新路，以经济建设为中心，大力发展生产力，改变贫穷落后的面貌，实现国家富强，人民富裕；当今，我们继续深化改革开放，发展社会主义市场经济，为的是全面建设高水平的小康。这些都

体现了中华民族、中国特色社会主义对于“富强”的价值追求。

中国共产党成立 90 多年、中华人民共和国成立 60 多年来，一直带领中国人民围绕如何把一个贫穷落后的农业国迅速改变为一个强大的社会主义现代化国家，实现国家繁荣富强，人民生活富裕而孜孜以求，不懈奋斗。就“富强”的价值目标的形成而言，经历了较长时期的思想认识和理论自觉过程。在我们党的历史上，对“富强”的追求的表达，就几经修改完善，在党不同历史时期的中央文件中就有着不同的表达和阐述。自新民主主义革命取得胜利，为实现民族富强的目标奠定了制度基础，建立中华人民共和国后，中国共产党人先后提出了“工业化”、“四个现代化”、“富强、民主、文明”等奋斗目标的表达。2002 年，党的十六大把社会主义现代化奋斗目标从“富强、民主、文明”进一步拓展为“富强、民主、文明、和谐”，并提出新世纪前 20 年建设更加全面的小康社会，其目标是“经济更加发展、民主更加健全、科教更加进步、文化更加繁荣、社会更加和谐、人民生活更加殷实”。党的十七大、十八大报告的相关精神，更加让国人明确了我们近期追求“富强”的价值目标，即到 2020 年，实现国内生产总值和城乡居民人均收入比 2010 年翻一番……全面建成小康社会。如今，我们对“富强”的追求，体现了社会主义初级阶段的最大国情，体现了当代中国人民从未有过的文化自信与自强、道路自信与自觉。

第二，关于“民主”。

民主（democracy）一词，源于希腊字“demos”（意为“人民”），或译为民主制、民主主义，也被译为德谟克拉西（或曰德先生）。从其字面上来看，它由“人民”和“权力”两词合成，意为“人民的政权”，代表着由人民统治，即“人民做主”。其完整的定义，可表述为：在一定的阶级范围内，按照平等和少数服从多数原则来共同管理国家事务的国家制度。“民主”表达的是改变与创造人的发展之政治条件的要求，是人自古以来的社会诉求。马克思主义民主理论认为，民主是一种国家制度，其本质是“人民当家做主”。在《共产党宣言》中，马克思恩格斯曾指出，工人革命的第一步就是使无产阶级上升为统治阶级，争得民主。并认为，作为上层建筑的民主，是具体的、历史的，不存在超越历史阶段的“一般民主”。民主应是由无产阶级对人民群众的民主和对敌人的专政的统一，即“无产阶级专政”。

民主是社会主义的本质和核心，是中国特色社会主义的政治价值追求。中国特色社会主义民主，是马克思主义民主理论与中国特色社会主义实践相结合的产物。它扬弃和超越了资本主义民主，形成了符合民主本意、更高类型的民主。人民民主是社会主义的生命，没有人民民主，就没有社会主义；没有人民民主，就没有中国特色社会主义制度自信、道路自信和理论自信。坚持党的领导、人民当家做主、依法治国的有机统一，不断扩大人民民主，保证人民当家做主，成为当今中国特色社会主义民主政治发展的价值诉求。我国的国体人民民主专政，就是实行马克思主义的人民民主，而不同于其他的民主，比如，君主政体、独裁统治、贵族政体、寡头统治等。我国的政体人民代表大会制度，也是充分体现了马克思主义民主理论的本质，即“人民当家做主”。当代中国重大理论热点问题——四个“划清重大界限”之一，就是要自觉划清中国特色社会主义民主同西方资本主义民主的界限。在当下中国，要通过人民代表大会制度、中国共产党领导的多党合作和政治协商制度、民族区域自治制度和基层民主制度，立足世情、国情、党情、民情，发展中国特色社会主义民主，让最大多数人，即“人民”这一民主的主体（包括工人、农民、知识分子、全体社会主义劳动者、拥护社会主义的爱国者和拥护祖国统一的爱国者在内的人民）掌握一切国家权力和社会资源，享有管理国家事务和社会事务、管理经济和文化事业的各项政治权利，享有生存权和发展权、人身人格权以及经济、社会、文化等广泛权利，让广大群众安居乐业、共享改革发展成果。在当今市场经济条件下，只有充分发扬民主，敢于讲真话、实话，才能让人民群众心情舒畅，才能极大激发人民群众在发展中国特色社会主义伟大实践中的积极性、创造性和主动性。

第三，关于“文明”。

“文明”（civilization）一词，源于拉丁文“civis”，意思

是城市的居民，其本质含义为人民生活于城市和社会集团中的能力。引申后意为一种先进的社会和文化发展状态，以及到达这一状态的过程。古代汉语中的“文明”一词，最早出自《易经》，其中提及“见龙在田，天下文明”。现代汉语中的“文明”，指一种社会进步状态，与“野蛮”一词相对。“文明”所涉及的领域很广泛，比如，民族意识、技术水准、礼仪规范、宗教思想、风俗习惯以及科学知识的发展等，都属于文明所指的范畴。从广义上讲，“文明”指的是人类所创造的物质财富和精神财富的总和；从狭义上讲，“文明”特指精神财富，如思想、道德、文学、艺术、教育、哲学、科学等人类审美观念和文化现象的传承、发展、糅合、分化过程中所产生的生活方式、思维方式的总称。人类自古以来，就在以不同的方式创造物质文明和精神文明。

从一国发展战略高度，“文明”成为国家建设与发展的重要组成部分。我们在中国特色社会主义建设与发展实践中，基于改革开放以来的实践需要，先后提出物质文明、精神文明、政治文明、生态文明，并把这些方面的建设作为中国特色社会主义发展格局的重要组成部分。从百姓日常生活层面，我们所倡导的“讲文明，树新风”，就是要求在全社会、百姓生活的每个领域都有良好的道德风尚和文明的行为举止。比如，清明节期间，有关部门倡导鲜花祭奠、网络祭扫、家庭追思会等健康祭扫方式，要求大家做到安全、文明、和谐、环保、有序地实现文明祭扫，过一个平安的清明节，营造文明科学的丧葬新风。这些都是社会主义核心价值观所倡导的行为，只有把这些看似抽象的价值观化成民俗，家喻户晓、妇孺皆知，才能在全社会培育践行社会主义核心价值观，提高全体社会成员的精神文明和道德风貌，进而促进物质文明、政治文明、生态文明的建设。

第四，关于“和谐”。

“和谐”，英文表达为 harmonious。“和谐”有“和睦协调”之意。中国古代典籍《诗经·周南·关雎》中有“关关雎鸠”之说，汉代郑玄的“笺”中，有“后妃说乐君子之德，无不和谐”的表达。诸多文化典籍中都反映了我国古代早有“和而不同”的和谐之义，体现了自古先民都有对

“和谐”价值的追求。古希腊哲学家毕达哥拉斯曾指出，“整个天就是一个和谐”；马克思主义辩证唯物主义认为，和谐是对立事物之间在一定的条件下的具体、动态、相对、辩证的统一，是不同事物之间相辅相成、相反相成、互助合作、互利互惠、互促互补、共同发展、融洽相处的关系。马克思主义视野下的“和谐”理念，是追求一种美好的社会理想、社会状态，提倡建设和谐社会。我们今天构建社会主义和谐社会，所追求和倡导的“和谐”，既综合了传统文化中“和”的因素，又具有重要的现实价值。

“和谐”是人类千百年来孜孜以求的理想，也是我们党为之不懈奋斗的目标，如今，“社会和谐”成为中国特色社会主义的本质属性，是国家富强、民族振兴、人民幸福的重要保证。在改革开放新时期，我们党坚持以经济建设为中心，把构建社会主义和谐社会摆在更加突出的地位，概括规定了和谐社会的6个基本特征：民主法治、公平正义、诚信友爱、充满活力、安定有序、人与自然和谐相处。并确立了如下“和谐社会”建设的目标和任务：到2020年，社会主义民主法制更加完善，依法治国基本方略得到全面落实，人民的权益得到切实尊重和保障；城乡、区域发展差距扩大的趋势逐步扭转，合理有序的收入分配格局基本形成，家庭财产普遍增加，人民过上更加富足的生活；社会就业比较充分，覆盖城乡居民的社会保障体系基本建立；基本公共服务体系更加完备，政府管理和服务水平有较大提高；全民族的思想道德素质、科学文化素质和健康素质明显提高，良好道德风尚、和谐人际关系进一步形成；全社会创造活力显著增强，创新型国家基本建成；社会管理体系更加完善，社会秩序良好；资源利用效率显著提高，生态环境明显好转；实现全面建设惠及十几亿人口的更高水平的小康社会目标，努力形成全体人民各尽其能、各得其所而又和谐相处的局面。

社会主义是一种科学理论，一种社会理想，一种社会主义运动，更作为当代中国先进的生产关系和社会制度，它极大地解放和发展了社会生产力，必将创造出比以往社会形态条件下更为发达的物质文明和高度的精神文明，为迈向共产主义社会奠定坚实基础。自1840年鸦片战争以来，无数仁人志士都在探索民族独立、人民解放、国家富强、人民富裕的民族理想。当今改革开放新时期，我们党成功地开创了中国特色社会主义道路，旗帜鲜明地提出了中国特色社会主义共同理想，即在中国共产党领导下，坚持走社会主义道路，实现中华民族伟大复兴。“富强、民主、文明、和谐”成为我国社会主义初级阶段的奋斗目标，她体现了社会主义核心价值观在发展目标上的规定。党的十八大把这 8 个字确立为国家层面的核心价值观。作为国家主导价值观，“富强、民主、文明、和谐”昭示着中国特色社会主义伟大事业的美好前景，也能够在发展中国特色社会主义的伟大实践中凝聚亿万人民群众的智慧和力量。唯有这一国家主导价值观的引领，中国特色社会主义才会更加具有道路自信、理论自信和制度自信，中华民族伟大复兴才能得以实现。

7.5.2　社会主义核心价值体系之社会层面的价值导向——自由、平等、公正、法治

“自由、平等、公正、法治”是引领现代文明走向的人类共同价值准则和理想社会目标。作为保证国家的富强、和谐与保障个人的敬业、诚信的社会主流价值观，它是社会主义核心价值观的重要支柱和价值主流。“自由、平等、公正、法治”不仅是全人类共同追求的理想和目标，更是当代中国政府基于人类社会发展规律、社会主义建设规律、执政党建设规律，更加明确、更加自信和自觉地提出的民族理想和价值追求，是构建社会主义和谐社会，全面建成小康社会必需的主流价值。社会主义和谐社会和全面小康社会的政治生活、经济生活、文化生活和社会生活环境中，必然会渗透和体现“自由、平等、公正、法治的社会主义核心价值观。

第一，关于“自由”。

“自由”（英文为 freedom），意思是由自己做主，不受限制和约束，顺天道而行之。《玉台新咏 · 古诗》中有“吾意久怀忿，汝岂得自由”之说，表达了当时人对自由的渴望。“自由”是人得以全面发展的前提，也是人类进行创造的基础和源泉。从人与人、人与社会的角度来说，“自由”是指人的个性自由，体能、智能均能得到充分发展。通常意义上

讲，“自由”多是指政治自由，指公民在法律范围内参与国家政治生活的一种权利。如果说“民主”是政权的一种构成形式，那么“自由”则是政权给予公民的政治权利。马克思恩格斯曾经指出：“代替那存在着阶级和阶级对立的资产阶级旧社会的，将是这样一个联合体，在那里，每个人的自由发展是一切人的自由发展的条件。”① 我们常说的“人权”，就是泛指人身自由和其他民主权利，比如生存权、发展权、经济权、政治权、文化权等“人之为人”应该享有的自由和民主权利。马克思主义民主理论的终极价值是“人的自由而全面发展”，他毕其一生所追求的，就是让人民群众改变被剥削、受奴役的境地，真正成为社会的主人。每一个人自由而全面的发展，是全部马克思主义理论的最高命题，也是马克思主义民主理论的终极价值。共产主义理想社会就是一种“自由人的联合体”，在那里，“每个人的自由发展是一切人的自由发展的条件”。

人的“自由发展”是最为终极的民主价值，也是社会主义核心价值观所倡导的主导价值观。自 1840 年以来，中华儿女不懈探索推翻帝国主义、封建主义、官僚资本主义，救国救民的道路，就是追求民族解放和人民自由民主的过程。孙中山多次在演讲指出，一个人的自由，以不侵犯他人的自由为范围，才是真自由；如果侵犯他人的范围，便是不自由。中国特色社会主义的改革开放，也发端于当时党的领导人邓小平等对人民群众首创精神和自由价值观的尊重。没有当初对安徽凤阳小岗生产队十八户农民策划土地包干到户的首创精神的尊重，就没有今天改革开放取得的巨大成就。没有对人民群众自由价值观的尊重，就不会有中国特色社会主义市场经济、中国特色社会主义先进文化、中国特色社会主义和谐社会建设的成就。中国特色社会主义以科学发展观为指导，其核心“以人为本”就是要让最广大人民群众的智力、体力得到最充分发挥的自由，进而使中国特色社会主义事业生机勃勃、充满活力。这里需要强调的是，社会主义的

① 《马克思恩格斯选集》，第 1 卷，人民出版社，1995 年版，第 294 页。

自由价值观，是最广大人民群众的自由价值追求，而非少数富有者、资产者的自由。社会主义核心价值观倡导的“自由”，与资产阶级所谓的“自由”有着本质的区别。

第二，关于“平等”。

“平等”（equality 或 democracy），意指政治、社会或经济地位处于同一水平，没有或否认世袭的阶级差别或专断的特权。“平等”是对每个人人格和权利的尊重，在尊严和权利方面人人平等，都享有与生俱来的不可剥夺的生命、健康、自由和财产权利。它多指人们在社会、政治、经济、法律等方面具有相等地位，享有相等待遇。平等是对自由的维护。《百喻经·二子分财喻》：“尔时有一愚老人言：教汝分物使得平等，现所有物破作二分。”清代黄遵宪《纪事》诗：“红黄白黑种，一律平等视。”中国近代史资料丛刊《辛亥革命·郭孝成〈蒙古独立记〉》：“若以本代表所闻，民国成立，汉、满、蒙、回、藏一律平等，确无疑义。”马克思主义视野下的“平等”，就是设想每个人自由而全面的发展，是其他人自由而全面发展的条件。因此，每个人在发展个性自由实现自我价值的同时，必须尊重他人的个性自由和价值，不能损害甚至牺牲他人的自由权利。

在社会主义社会，人正是在自由与平等的矛盾运动、效率与公平的张力中获得全面发展和进步的。当然，我们今天倡导的自由和平等，已经不是生产力极其低下、物质生活极其贫乏，原始的、低级的自由和平等，而是社会生产力极大发展，物质生活极大丰富，人们道德境界极大提高基础上的自由和平等，是要让全体人民共享改革发展成果的那种平等，是受中国特色社会主义法律和法治保障的平等。从这个意义上讲，平等是社会主义核心价值观的重要组成部分。当然，社会主义的平等，不是结果上的平均主义，而是努力实现起点平等、过程平等、机会平等，最终达到共同富裕、共同享有的平等。

第三，关于“公正”。

“公正”（justice），即公正、正义，公平正直。“义”即“宜”，“合宜”、“合适”的意思。“正义”就是不偏不倚地裁制事物使之“合宜”，即使之符合公认的道德规范要求。

在中国古代，“正义”、“公正”往往指道德修养，并且是没有个人之私的近乎神圣的一种美德，并无作为评价制度、规则的价值内涵。“公正”侧重的是社会的“基本价值取向”，并且强调这种价值取向的正当性。自1840年以来，西学东进，受西方文化的影响，“正义”、“公正”逐步涉及社会制度层面。

当今时代，公正成为经济社会转型、矛盾和冲突多发期的社会诉求，自然而历史地成为社会主义制度的首要价值和中国特色社会主义的内在要求。社会公平正义是社会主义和谐社会的基本价值追求，也是小康社会得以真正实现的题中应有之义。如果一个社会的经济发展成果，不能公正地为大众所分享，在道义上就会不得人心，势必威胁到社会的稳定。没有公正的小康社会，也就失去了本质意义。在全面建成小康社会、构建社会主义和谐社会的征途上，社会公平正义发挥着重大的价值导向作用。权利公平、机会公平、规则公平成为保证人民平等参与、平等发展权利不可或缺的制度保障和社会主流价值观。值得注意的是，科学发展观的基本要求“全面协调可持续”，蕴含着的同代人之间和代与代之间的公平和公正之意。因此，科学发展观指导下的中国特色社会主义事业，在处理人与自然、人与社会的关系问题上，既考虑满足当代人的需要，又不能给后代人满足其需要的能力带来损害。

第四，关于“法治”。

自古以来，在中国传统文化中，法家提倡的“法治”与儒家的“德治”相对。而在后来的社会治理问题上，“德治”与“法治”作为维系人类社会秩序的工具，犹如“车之两轮”、“鸟之两翼”。“法治”一词很早就出现在古书中。我国古代典籍《晏子春秋·谏上九》中有“昔者先君桓公之地狭于今，修法治，广政教，以霸诸侯”。《淮南子·氾论训》中有“知法治所由生，则应时而变；不知法治之源，虽循古终乱”。人类社会文明进程，总体上是在“法治的天空”下不断前行的。美国杰出的大法官霍姆斯曾说指出，法律的生命在于（实践）经验，而非逻辑。社会主义市场经济是法治经济，“法治”这一价值观，更加成为社会诉求和题中应有之义。因此，社会主义市场经济条件下，追求生产力的大发展和人民民主，需要法律（法治）实践。只有在倡导“法治”、践行“法治”价值观的实践中，才能保证人民民主得以实现。没有法治，就没有民主，就没有中国特色社会主义。只有使民主法制化、法制民主化，法制与民主相得益彰，才能真正实现中国特色社会主义制度自信、道路自信和理论自信。如今，“法治”已成为中国特色社会主义健康发展不可缺少的价值导向和价值追求。

新时期新阶段，我国“战略机遇期”和“矛盾凸显期”交织呈现，经济社会全面协调发展与统筹兼顾的难度比以往任何时代都要大。当今中国特色社会主义民主政治道路，就是要坚持党的领导、人民当家做主、依法治国。只有实现了党的领导、人民当家做主与依法治国的有机统一，才能建设中国特色的社会主义法治国家、法治政府与法治社会。党的十八大报告将“全面推进依法治国”确立为推进政治建设和政治体制改革的重要任务，对“加快建设社会主义法治国家”作出重要部署，提出全面推进依法治国的目标和要求，强调建立健全权力运行制约和监督体系，完善司法公开制度，加强司法公信建设，强化司法基本保障。当今改革开放和市场经济深入发展的需要，只有法治建设不断加强，全社会倡导法治价值观，才能建设清明的政治和清廉的政府，也才能让“公共权力”这把“双刃剑”不会让人民群众产生“被剥夺感”，让人民群众真正感到生活和工作安定、有序、快乐。

中国共产党从成立之初就将马克思主义写在自己的旗帜上，明确了奋斗目标和前进方向是追求生产力极大发展和人的自由而全面发展这一终极目标，并为之不懈努力。在追求民族独立和人民解放的革命任务完成后，极大地解放生产力，争取民主，在社会生活中实现人民的自由和平等、社会的公正和法治。总体而言，“自由、平等、公正、法治”反映了我们党以“全心全意为人民服务”、“执政为民、为民执政”、“以人为本”的执政理念。中国共产党立足当今改革开放的深化，继续推进社会主义市场经济的深入发展，从社会层面明确表达了这样的核心价值观，从事实上体现了对人民首创精神的尊重，对人民权益的保障，对人民平等发展权利的维护，也集中反映了社会主义社会的基本属性，以及中国特色社会主义健康、持续发展的价值诉求和价值导向。

7.5.3 社会主义核心价值体系之个人层面的价值导向——爱国、敬业、诚信、友善

“爱国、敬业、诚信、友善”是社会主义核心价值观最基本的主体——公民个人的底线价值准则和基本道德规范。作为公民基本价值观，直接关系到国家主导价值观和社会主流价值观是否实现，进而直接关系到社会主义核心价值体系建设的实效性和中国特色社会主义发展方向。中华民族自古以来具有优秀的传统文化和道德伦理，无论古代还是近代，无论计划经济条件下还是市场经济条件下，中国人民都有着对待国家、对待职业、对待他人与社会的优良传统美德，有着在处理国家、集体、个人利益问题上的社会主义道德规范。当下中国特色社会主义要健康有序地发展，中国特色社会主义要在当今世界提升国际影响力，需要每个中国公民，在日常经济生活、政治生活、文化生活和社会生活中自觉践行“爱国、敬业、诚信、友善”的核心价值观，唯有此，才能使“富强、民主、文明、和谐”的国家主导价值观变为现实，让“自由、平等、公正、法治”的社会主流价值观变为现实。这是社会主义核心价值体系这一精神基石和“兴国之魂”得以发挥作用的具体表现，否则，增强社会主义意识形态的吸引力和凝聚力，提高中华文化“软实力”，提升国家形象和综合国力等战略理想会归于空谈。

第一，关于“爱国”。

“爱国”是社会主义核心价值观最核心、最根本的理念，这一价值观居社会主义荣辱观之首，其他价值观都归结于在对待自己祖国问题上的义务和责任的行为表现。中华民族传统美德和中国革命道德的实践证明，“爱国”从来就是凝聚中华儿女自强不息的高尚情感和第一位的价值观。“爱国”是具体的、历史的，民主革命时期、社会主义革命和建设时期、改革开放新时期，“爱国”都有着不同的表现。作为公民的基本道德规范和责任义务，“爱国”具有鲜明的时代特

征。新时期新阶段，社会主义核心价值观之倡导“爱国”，除了表现为对中华民族大好河山、历史文化等的热爱之情，更多地蕴含着如何把这种情感融入到建设“富强民主文明和谐的社会主义现代化国家”，实现中华民族伟大复兴的实践中去。

在全面建设小康社会、实现中华民族伟大复兴的征途中，唯有全体中华儿女凝聚“爱国”之情，倡导“爱国”价值观，有着对自己祖国、民族和文化的强烈认同，有着对中国特色社会主义道路、制度和理论的高度自觉和自信，才能团结全体中国人民，齐心协力为实现“富强、民主、文明、和谐”的中国特色社会主义共同理想而奋斗。因此，培育和践行正确的国家观，关乎一国的未来。在当今时代，全球化、世界历史性的特点更加鲜明，但民族性和国家利益始终不能泯灭。

第二，关于“敬业”。

“敬业”就是把对自己所从事的工作的浓浓热爱之情，化作无穷动力和激情，搞好自己的本职工作，是“爱国”在本职工作中的具体体现，是对于自己所从事的职业的尊重。“敬业”既是一种精神情感，也是一种德行外化，更是一个人对人生价值的追求。“怎样的人生才有意义?”“人活着，怎样才叫实现了自己的人生价值?”对于这些人生价值问题的答案，只有在一个人怎样对待自己从事的本职工作的态度和行为表现中去寻找。“敬业”的思想和行为可以让人得到自我价值和社会价值实现的成功感和成就感，也能从中体会到或获得在自己所在的群体、单位或国家的归属感和自豪感，从而感受到人生的意义和价值。

无论国家、集体，还是个人，彼此之间联系的精神纽带，就是忠于职守、品格高尚、兢兢业业、一丝不苟的职业情感。因此，“敬业”使“小我”和“大我”、“小家”和“大家”协调一致，使公民个人身心和谐，进而实现人与人、人与社会、人与自然的和谐。唯有每个公民具有强烈的“敬业精神”，才能保障公民自己生活和生存得更好，进而实现公民所属的祖国“富强民主文明和谐”的理想状态。改革开放新时代，这类富有敬业精神的人和事不胜枚举。比如，具有代表性的有，天津港中煤华能煤码头有限公司孔祥瑞操作队队长孔祥瑞，因为在团队工作中倡导“爱”的循环和友善，而被评为全国敬业奉献模范和“感动中国”人物，产生了既好又大的社会道德风尚辐射效应。每个社会成员，只有热爱自己的岗位，兢兢业业干好本职工作，才能为国家、为社会、为家庭、为他人，也为自己创造物质财富和美好的精神生活。

第三，关于“诚信”。

在中国古典文化中，“诚”与“信”不是一个合一的概念，“信”比“诚”出现得更早。从逻辑上看，“诚”是“信”的前提和基础。人，无诚则无信，无信则不立。诚是信之本，信是诚之用。“诚信”是一个关乎人际信任的道德范畴，其基本内容是诚实、诚恳、信用。“诚”不仅是人们道德行为的基础和根本，也是成就事业的“凭证”；“信”不仅是一个人形象和声誉的标志，也是一个人所应该具备的最起码的道德和操守。这个“信用证明”可以说是公民的第二个“身份证”，体现着人们在日常行为中的诚实和正式交流中的信用态度。人们常说的某人待人处事真诚、老实、讲信誉，就是指这人具有“礼于外，诚于内”的诚信品质和道德。“言必信”、“行必果”，“一言九鼎，一诺千金”等语词都说的是人的诚信品德。

在当今全球化、多元化、社会化、信息化、市场化的时代，“诚信”已不再局限于传统的个体道德修养和行为品格，而是更多地渗透于社会公共活动领域的人际交往和单位、企业、政府间的公共行为。党的十八大报告指出，要加强政务诚信、商务诚信、社会诚信和司法公信建设。这是我们党中央适应现代社会需求，在思想道德建设问题上的理性回应。当今社会，诸多企业在对其企业文化、价值观建设问题上，非常注重员工和产品“诚信”品质的培育。比如，中石油提出了这样的核心经营管理理念，即“诚信、创新、业绩、和谐、安全”。该公司把诚信看作企业文化的基石，视为企业创新发展的动力，达到企业业绩的保障。在现代社会人际交往中，人们倡导以诚待人，靠诚取信；否则，无论个人之间，还是企业之间、单位之间的交往都不长久。如果不诚信，小到个人形象受损，大到国家利益、国家形象受损或被破坏。只有全社会倡导“诚信”价值观，全社会才能遵循国家主导价值观、社会主流价值观，实现共同的民族理想，构建理想的社会生活状态，让公民享乐其中。

第四，关于“友善”。

“友善”意指朋友之间亲近和睦。它包含善待亲友、他人、社会、自然等，涉及全体社会成员的社会生活。中国古代文化典籍中有《汉书·息夫躬传》“皇后父特进，孔乡侯、傅晏与躬同郡，相友善”等与“友善”相关的记录。中国革命传统美德中也常有“友善”的相关叙述，比如朱德《寄东北诸将》诗：“邻居友善长相问，仁里安康永莫移。”“友善”一直是中华民族的传统美德之一。当今现代社会，“友善”是具有普遍适用性和基础性的价值观，成为构建社会和谐必要而充分的价值元素。“友善”的价值观涉及人与人之间关系的道德要求和行为导向最紧密的价值取向，具有广泛性和全民性。凡属社会人，无论职业，无论地位和身份，“友善”都是构建和谐家庭关系、和谐人际关系、和谐生态关系、和谐职场关系不可缺少的道德品质。这一价值观的行为外化，不仅彰显一个人为人处世的道德水平，也反映一个民族素质的高低。在社会主义道德的文明风尚建设中，各地各群体的同事、邻里、部门间涌现出了诸如“希望工程”、“送温暖”等体现“友善”价值观的感人事迹。改革开放和社会主义现代化建设需要这样的价值观作为人民群众间亲和力、凝聚力、战斗力的精神纽带和思想道德基础。只要世间有了友善之情、友善之举，社会和谐、生活小康、民族复兴，就不再遥远。

2001年党中央印发《公民道德建设实施纲要》以来，中央在多次重要会议和重要文件中论及公民道德规范方面的内容。经过多年来思想道德建设实践，党在十八大立足公民个人层面提出具有普适要求的道德行为规范，明确提出倡导“爱国、敬业、诚信、友善”的核心价值观，涵盖了社会主义公民道德行为的各个环节，贯穿了社会公德、职业道德、家庭美德、个人品德各方面。这8个字集中华民族传统美德、中国共产党人革命道德和社会主义新时期道德要求于一身，具有很强的全面性和系统性，是每个当代中国人应当树立的基本价值追求和应当遵循的根本道德准则，更是社会主义价值追求和公民道德行为的本质属性。

总之，“三个倡导”以动态、开放的形式表达了社会主义核心价值体系的精神内核和本质规定，表明积极培育和践行社会主义核心价值观，本身就是一个随着中国特色社会主义事业发展而不断丰富、完善、创新发展的过程。中国特色社会主义的核心价值体系和核心价值观，不断继承中华传统文化精华，不断汲取人类文明优秀成果，既坚持马克思主义科学社会主义的基本原则（共性），又涵盖中国特色社会主义的具体实际和时代特征（个性）；既坚守民族、国家、政党、社会的共同目标，又张扬群众、公民、个人的主体性；既有深厚的传统文化道德底蕴，又颇具鲜明的时代特征、时代特色。

值得强调的是，当今国际社会，以美国为首的西方发达国家凭借其经济、科技优势和自身拥有的“强势”文化以及互联网优势，以隐性的、潜移默化的方式展开国际间文化竞争和意识形态斗争，尤其是向我国传播资产阶级“民主”、“自由”、“平等”等所谓人类共同的核心价值和所谓的“普世价值”，以攻击社会主义核心价值体系和社会主义核心价值观，干扰中国特色社会主义健康、稳定、可持续地发展。比如，他们鼓吹“军队非党化、非政治化”、“军队国家化”，打着“人权、民主、自由、平等”等口号干涉别国内政。为了捍卫中华民族主权和国家利益，为了中国特色社会主义健康有序地发展，更为了中国人民的道路自信、理论自信和制度自信，我们应该有着高度的文化自觉，警惕西方敌对势力的文化霸权主义和价值观战略。无论国际社会如何打着“民主、自由、人权”等所谓“普世价值”的旗号，无论以美国为首的西方敌对势力如何叫嚣“去意识形态化”、“意识形态终结论”等论调，社会主义核心价值体系、社会主义核心价值观始终坚持自己的旗帜和方向，“我自岿然不动”！在全面建成小康社会的关键时期，党的十八大强调“加强社会主义核心价值体系建设”，提出“三个倡导”，积极培育、践行社会主义核心价值观，体现了全党全国人民高度的文化自觉、文化自信和文化自强。

7.6 “四位一体”社会主义核心价值体系及其核心价值观的内在逻辑

社会主义核心价值体系是社会主义意识形态的本质体现，是社会主义先进文化的精髓，是中华民族的兴国之魂，它决定着中国特色社会主义的发展方向。社会主义核心价值观是社会主义核心价值体系高度凝练、简明表达的精神内核和本质规定。倡导富强民主文明和谐，倡导自由平等公正法治，倡导爱国敬业诚信友善，积极培育社会主义核心价值观，这是社会主义核心价值体系及其建设实践的逻辑必然。

7.6.1 马克思主义指导思想是社会主义核心价值体系和社会主义核心价值观的灵魂

任何社会都有占统治地位的思想。占统治地位的思想，不过是以思想的形式表现出来的占统治地位的物质关系。由于阶级立场和认识问题所基于的历史观不同，导致不同阶级社会有不同的主流意识形态。马克思、恩格斯在 19 世纪 40 年代，为适应无产阶级斗争的需要，总结了无产阶级革命斗争的经验，批判地继承了人类历史上一切先进思想的优秀成果，创立了无产阶级谋求解放的科学理论即马克思主义。马克思主义是对自然、社会和思维领域纷繁复杂的现象客观规律的科学解释和揭示，并以其批判性而成为无产阶级认识世界、改造世界的科学世界观和方法论。而中国共产党自成立以来，就自然而历史地选择了马克思主义，一直把它作为领导自己的国家和民族走向独立、富强的指导思想。马克思主义因此成为当今中国特色社会主义的指导思想，在社会主义核心价值体系中，居于灵魂和核心地位。正是因为马克思主义在人类社会思想史上具有前所未有的科学性和革命性，它对中国特色社会主义共同理想、以爱国主义为核心的民族精神和以改革创新为核心的时代精神、以“八荣八耻”为主要内容的社会主义荣辱观具有世界观和方法论的指导性地位和价值。

中国特色社会主义共同理想的形成，是中国共产党把马克思主义关于人类社会的远大理想（最高理想、中国共产党的最高纲领）与当代中国社会主义初级阶段的具体实际相结合，提出的在社会主义初级阶段的近期目标（近期理想、中国共产党在当代的最低纲领）。正是中国共产党运用马克思主义基本原则与当代中国实际和时代特征结合起来，以革命性和创新性的精神状态，为当代中国明确了这一奋斗目标，即在中国共产党领导下，坚持中国特色社会主义道路，实现中华民族伟大复兴。这一共同理想成为指引当代中国人民前进的灯塔，一切工作一旦离开它，就会犯“左”的或“右”的错误。马克思主义的科学性和真理性、人民性和阶级性在中国共产党领导中国革命、建设与改革进程中，自然而历史地形成了以爱国主义为核心的民族精神和以改革创新为核心的时代精神。正是中国人民的民族骨气、民族气节和民族意识激发了中国人民抵御外来的帝国主义侵略和国内的封建主义、官僚主义压迫，建立起了自己的国家，实现了人民当家做主；也正是中国人民、自强不息、开拓进取、敢于创新的精神品格，才使中国人民取得了革命、建设和改革开放 30 多年来举世瞩目的变化和成就。无论民族精神还是时代精神，都蕴含中马克思主义的革命性、批判性、科学性和人民性。而如果没有马克思主义的正确导向，中国共产党在如何贯彻落实党的服务宗旨和发展理念、执政理念上，就会失去明确的价值方向和正确的道德规范。正是在马克思列宁主义、毛泽东思想和中国特色社会主义理论体系这一脉相承的理论体系指导下，从思想意识形态和道德领域，明确了当今中国人民应该树立的国家观、人民观、科学观、诚信观、人际观、义利观、法纪观、奋斗观等基本行为规范和道德基础。而这些共同的思想道德基础，正是实现中国特色社会主义共同理想、实践民族精神和时代精神的思想前提。

马克思主义指导思想是社会主义核心价值体系和社会主义核心价值观的灵魂和核心，它贯穿和渗透于社会主义核心价值体系和社会主义核心价值观的各个方面和各个层面。马克思主义指导思想决定着社会主义核心价值体系和社会主义核心价值观的性质和方向，也为当前社会主义核心价值体系学习教育、培育践行社会主义核心价值观明确了价值导向和目标取向。当前国际、国内意识形态领域多元化思潮和多样化思想相互交融、交流与交锋，很容易迷惑和模糊国人的思想和眼光。历史的经验和教训已表明，什么时候坚持马克思主义不动摇，我们党的事业就胜利和前进；什么时候背离了马克思主义，我们党的事业就陷入失败和倒退。当今时代意识形态领域比以往任何时代更加复杂，因此，比以往任何时代更需要马克思主义的指导。只有以马克思主义引领多样化社会思潮，才能激发和凝聚全体社会成员为着中国特色社会主义共同理想，构建中华民族的精神家园，最大化地凝聚全民族的社会合力。

马克思主义这一蕴含着人类社会发展规律的科学，其世界观、方法论价值和功能，无不渗透于“三个倡导”的思想行动中。倡导“富强、民主、文明、和谐”，是中华民族复兴的价值追求，当然是在马克思主义科学社会主义基本原则前提下，结合当代中国实际和时代特征，形成的创新理论和创新实践，集中体现为马克思主义的国家主导价值观。马克思主义的社会价值追求，就是改变资本主义社会的“人的异化”和“劳动的异化”，希望建立“每个人的自由全面发展成为其他人自由全面发展的条件”的社会，追求“自由、平等、公正、法治”的理想社会状态，集中体现为倡导“自由、平等、公正、法治”的社会主流价值观。马克思主义从宏观到微观，从理论到实践，最终落实到人们的具体行为规范和道德取向，表现为倡导“爱国、敬业、诚信、友善”，只有落实到具体行为基础，才能真正发挥马克思主义的理论魅力和价值。因此，马克思主义贯穿和渗透于“三个倡导”的具体核心价值观。

7.6.2　中国特色社会主义共同理想是社会主义核心价值体系的主题——“三个倡导”之首

理想是一种追求，更是一种巨大的精神动力和明确的行动方向。任何一个国家或民族的前进与发展，都是在一定共同理想和价值追求的感召和导向下全民族共同奋斗的结果。理想作为思想意识形态中的上层建筑，它对社会经济基础和社会生产力的发展，起着巨大的反作用。正如恩格斯所言：

“……根据唯物史观，历史过程中的决定性因素归根到底是现实生活的生产和再生产。无论马克思或我都从来没有肯定过比这更多的东西。如果有人在这里加以歪曲，说经济因素是唯一决定性的因素，那么他就是把这个命题变成毫无内容的、抽象的、荒诞无稽的空话。经济状况是基础，但是对历史斗争的进程发生影响并且在许多情况下主要是决定着这一斗争的形式的，还有上层建筑的各种因素……”① 理想正是对人类社会存在方式的运动具有强烈驱动力，有些时候起着决定性作用的社会意识现象。中华人民共和国的缔造、社会主义制度的建立、社会主义建设和改革开放的历史成就，无一不雄辩地证明了，共同理想对一个民族奋然前行的巨大推动力和价值导向作用。

中国特色社会主义共同理想，就是在马克思主义指导下，当代中国共产党把马克思主义关于科学社会主义基本原则与中国具体实际和时代特征结合起来，立足于社会主义初级阶段的基本国情，制定出的最低纲领或近期理想。这一理想成为中国社会主义初级阶段的全体社会成员，在中国共产党领导下，以马克思主义关于科学社会主义的政治、经济、文化和社会领域的相关思想为基本价值取向和指导思想，希望通过全面建设小康社会，构建社会主义和谐社会，实现中华民族富强、民主、文明与和谐。这既是当代中国人民共同建设和发展中国特色社会主义的内容，也是建设和发展中国特色社会主义的共同奋斗目标。党的十八大以“三个倡导”的开放式表达风格，提出国家层面的价值观，即“倡导富强、民主、文明、和谐”。因此，中国共产党把这一理想与马克思主义指导思想、以爱国主义为核心的民族精神和以改革创新为核心的时代精神、以“八荣八耻”为主要内容的社会主义荣辱观一并明确规定为当代中国社会主义核心价值体系。而中国特色社会主义共同理想就是整个社会主义核心价值体系的思想主题，这一主题成为中国特色社会主义在社会主义初级阶段的政治价值导向。

---

① 《马克思恩格斯选集》，第4卷，人民出版社，1995年版，第695~696页。

中国特色社会主义共同理想之所以是社会主义核心价值体系的主题，是因为这个体系中各项内容都围绕着这一奋斗目标而展开。马克思主义理论指导下的中国特色社会主义，就是要具体化为中国特色社会主义共同理想的实现，也只有通过中国特色社会主义共同理想的实现，才能体现和发挥马克思主义中国化（或中国化的马克思主义，或当代中国马克思主义）这一理论体系真理的力量和逻辑的力量。面临当今国际国内各种思潮异彩纷呈，相互交流、交融与交锋的局面，中国共产党敏锐地把握住中国特色社会主义的发展航向和当今国际社会的复杂局面，理性而明确地确立以爱国主义为核心的民族精神和以改革创新为核心的时代精神、社会主义荣辱观为当代中国的主流价值观和精神纽带。也就是说，为了实现中国特色社会主义共同理想，必须发动全民族社会成员为着一个共同的目标，发扬民族精神与时代精神和当今社会主义道德，以最大限度地增强全民族的凝聚力、创造力和战斗力。因此，无论马克思主义指导思想提供的科学的世界观和方法论、以爱国主义为核心的民族精神和以改革创新的时代精神提供的思想精髓，还是社会主义荣辱观所要求的行为规范和道德基础，都无不围绕共同理想这个主题而展开。

当代中国主流意识形态和主导价值观，都基于当代中国基本国情和基本社会矛盾，把中国共产党在现阶段的阶段性理想和最终奋斗目标有机结合起来，形成了逻辑严密、相互依存的主流价值体系。无论从中国共产党是一个最高纲领和最低纲领的统一论者的角度，还是从社会主义核心价值体系是一个富有内在逻辑的有机整体而言，中国特色社会主义共同理想就是一个承接和连接中国共产党的宏观指导思想和微观行为基础的中心和主题。因此，在国民教育和精神文明建设全过程中，无论马克思主义中国化、时代化、大众化，还是“两种精神”教育、社会主义荣辱观教育，都始终要紧紧围绕中国特色社会主义的建设与发展，实现中华民族伟大复兴这一理想，来开展社会主义核心价值体系学习教育。党的十八大明确界定国家主导价值观，提出“倡导富强、民主、文明、和谐”，积极培育践行社会主义核心价值观，这是对中国特色社会主义共同理想的进一步具体化、大众化、通俗化。

7.6.3 以爱国主义为核心的民族精神和以改革创新为核心的时代精神是社会主义核心价值体系的精髓

以爱国主义为核心的民族精神和以改革创新为核心的时代精神，是社会主义核心价值体系的精髓。以爱国主义为核心的民族精神是在中华民族长期的生活实践和现实土壤中形成的，具有民族特点的思维观念、价值取向和行为方式；以改革创新为核心的时代精神则是民族精神在当今时代富有时代特征和时代风格的生动体现和具体表现。民族精神是时代精神的基础和前提，时代精神是民族精神的时代体现和生动表现，二者是不可分割的、相互联系的。中华民族传统美德和革命传统美德，无论封建时代、民主革命时期还是社会主义革命、建设和改革时期，渗透着炎黄子孙强烈的民族意识、民族心理、民族气节和民族气概。在不同历史时期，这些具有民族内涵的思想意识就表现为具有时代意义的不同行为。中华民族精神在党的十六大报告中有这样的集中表述：在五千多年的发展中，中华民族形成了以爱国主义为核心的团结统一、爱好和平、勤劳勇敢、自强不息的伟大民族精神。这是对中华民族自古以来的民族风格的概括。至今，民族精神和时代精神已成为深深扎根于马克思主义指导下的社会主义观念和中国特色社会主义建设与发展实践，并与马克思主义指导思想、中国特色社会主义共同理想、社会主义荣辱观一并被明确规定为社会主义核心价值体系的内容。以爱国主义为核心的民族精神和以改革创新为核心的时代精神，成为当代中国主流价值观和核心价值体系的思想精髓，成为马克思主义中国化、时代化进程中，构建中华民族共同精神家园的重要组成部分。实现富强、民主、文明、和谐的国家主导价值观，必须弘扬民族精神和时代精神。

民族精神和时代精神这“两种精神”不可分割地属于中华民族共同精神家园的思想因子和精神因素。当今马克思主义中国化、时代化和大众化进程，“两种精神”离不开马克思主义指导思想，离不开中国特色社会主义共同理想，更离不开以“八荣八耻”为主要内容的社会主义荣辱观等精神理念和行为规范。因为历史与现实都表明，中华民族的“两种精神”自始至终都是在马克思主义关于人类社会发展的理想追求和价值目标导向下，在不同时代的中国革命、建设与改革开放事业发展中，通过全体社会成员长期的生产生活实践得到切实体现的。也就是说，在人的精神意识形态领域，思想精髓始终是在一定的价值导向下，为着一定的理想目标奋斗的。这一奋斗又随着不同时代和不同历史环境，具体化为各种与时谐行的时代意识，比如市场意识、竞争意识、民主法制意识、公平正义意识以及开拓创新意识等新的价值观念。以爱国主义为核心的民族精神在现时代是通过以改革创新为核心的时代精神体现出来的。党的十八大提出的“倡导自由、平等、公正、法治”这一社会主流价值观，也就是随着改革开放和社会主义市场经济的深入发展而与时俱进地凝练表达的社会主义核心价值体系之精髓。

当今中国，正值从传统农业国向现代工业国转型的特殊历史时期，民族精神和时代精神具有强烈而浓厚的时代气息和时代特点。当代中国面临的是经济全球化、政治多极化、文化多元化的全球格局和复杂多变的时代局势。因此，中国特色社会主义健康发展，需要全体中国人民团结一心，在共同的思想道德基础和精神纽带的凝聚下，齐心协力，共同奋进。如果丧失了民族精神和时代精神，马克思主义的科学社会主义基本原则在中国特色社会主义发展中就得不到体现，中国特色社会主义共同理想的实现就会成为遥不可及的空想，而以“八荣八耻”为主要内容的社会主义荣辱观的道德规范作用也得不到具体体现。只有全体社会成员倡导“自由、平等、公正、法治”的社会主流价值观，才能真正落实社会主义核心价值体系的精髓，才能以强大的民族凝聚力、战斗力和创造力，实现全面建成小康社会，基本实现现代化。

7.6.4 以“八荣八耻”为主要内容的社会主义荣辱观是社会主义核心价值体系的基础

中国共产党一向以马克思主义为指导，遵循马克思主义的人类社会发展规律和马克思主义政党的远大理想、服务宗旨。因此，中国共产党在缔造中华人民共和国、缔造中国人民解放军的革命与建设过程中，一向以马克思主义的社会主义、共产主义道德原则要求我们的党和人民。在为着共同的民族解放事业和改革开放事业奋斗的过程中，中国共产党一直以马克思主义理论和共产主义思想道德为核心，展开党的思想政治工作和思想理论建设，以无产阶级政党的荣辱观教育全党全军和全国人民。正是有了无产阶级的国家观、人民观、科学观、人际观、诚信观、义利观、法纪观、奋斗观等社会主义、共产主义的荣辱观念规范全体社会成员，我们党的事业才在马克思主义指导下，向着中国特色社会主义共同理想，从过去走到今天，并在发展中国特色社会主义道路上，走向更辉煌的未来。

社会主义荣辱观是马克思主义中国化、时代化在价值体系、道德领域的正确回应，是社会主义核心价值体系其他三方面内容的具体化。“以热爱祖国为荣、以危害祖国为耻”、“以服务人民为荣、以背离人民为耻”、“以辛勤劳动为荣、以好逸恶劳为耻”的国家观、人民观、劳动观是共同理想和民族精神的具体化；“以崇尚科学为荣、以愚昧无知为耻”的科学观是马克思主义科学世界观和方法论的行动体现；“以团结互助为荣、以损人利己为耻；以诚实守信为荣、以见利忘义为耻；以遵纪守法为荣、以违法乱纪为耻”；“以艰苦奋斗为荣、以骄奢淫逸为耻”的人际观、义利观、法纪观、奋斗观是以改革创新为核心的时代精神的具体要求。社会主义荣辱观从不同层面体现了马克思主义指导思想的科学性和阶级性，反映了中国特色社会主义共同理想对中华民族的感召力和凝聚力，从而也生动具体地诠释了以爱国主义为核心的民族精神和以改革创新为核心的时代精神。党的十八大凝练表达并提出了“倡导爱国、敬业、诚信、友善”，积极培育社会主义核心价值观，这就是社会主义荣辱观的进一步深化和具体化。

总体而言，社会主义核心价值体系四个方面的内容，相互联系、相互贯通、相互促进，是有着紧密逻辑关联的有机整体。其中，马克思主义指导思想是社会主义核心价值体系的理论基石和灵魂，坚持马克思主义思想的指导地位，就抓住了社会主义核心价值体系的根本；中国特色社会主义共同理想不仅是社会主义核心价值体系中的动力因素，而且还是社会主义核心价值体系的主题；从横向的民族发展来看，我国社会主义核心价值体系中的民族性内容就是以爱国主义为核心的民族精神；从纵向的历史进程看，社会主义核心价值体系的时代性内容就是以改革创新为核心的时代精神。民族精神和时代精神就是社会主义核心价值体系的精髓和支撑。这三方面都是中国特色社会主义在精神形态领域的价值取向和精神导向。但是，中国特色社会主义要健康发展、社会主义核心价值体系要真正得到落实，就要把马克思主义指导思想、中国特色社会主义共同理想、民族精神和时代精神外化为人们的行动，通过以“八荣八耻”为规范的可操作性内容得以在社会生活实践中体现。当前，就是要全民倡导爱国、敬业、诚信、友善的价值观，积极培育践行社会主义核心价值观。当然，这有待于加强社会主义核心价值体系的学习教育，帮助广大干部群众从理论上正确回答当代中国重大的理论热点问题或对曾经错误的认识加以澄清，从实践上致力于干部群众在中国特色社会主义发展实践中发挥出最大化的思想凝聚力和战斗力。无疑，这是当前党的思想政治教育和思想政治工作的重要战略任务。

7.6.5 以“三个倡导”是社会主义核心价值体系的精神内核和本质规定

在当今社会主义市场经济条件下，社会主义核心价值体系成为全民族全面建设小康社会、实现中华民族伟大复兴的精神纽带和共同思想基础，成为增强中华文化“软实力”的核心和根本内容。它所包含的四个方面是：马克思主义指导思想、中国特色社会主义共同理想、以爱国主义为核心的民族精神和以改革创新为核心的时代精神、以“八荣八耻”为主要内容的社会主义荣辱观。从宏观到微观，从理论到实践，为中国特色社会主义的未来发展，在意识形态领域树立了一面中国特色的精神旗帜。四个方面的规定分别是其他各个方面内容的理论基石、动力源泉、精神支撑和行为规范。

党的十八大把社会主义核心价值体系的精神内核和本质规定，以简明扼要而开放式的语言风格表达为“三个倡导”，更加通俗易懂，更加贴近群众，贴近生活，贴近实际。“三个倡导”的落实无疑更有利于社会主义核心价值体系转化为人民群众发展中国特色社会主义的具体行动和物质力量。

“三个倡导”两两之间，相互联系，相辅相成，彼此不可分割。在国家层面，倡导富强、民主、文明、和谐，这是已写入党章和国家宪法的党的基本主张、国家发展目标和民族共同理想，作为国家主导价值观，是社会主义核心价值体系的主题和目标，在核心价值观中居于统领和主导地位；在社会层面，倡导自由、平等、公正、法治，这是引领现代文明走向的人类共同价值准则和社会主流价值导向，作为社会主流价值观，是社会主义核心价值体系的精髓之具体化，在核心价值观中居于精神支柱的地位；在个人层面，倡导爱国、敬业、诚信、友善，成为公民个人的底线价值准则，是社会主义荣辱观的具体化，在社会主义核心价值体系中起着基础作用。国家主导价值观（倡导富强、民主、文明、和谐）是社会主流价值观（倡导自由、平等、公正、法治）和公民基本价值观（倡导爱国、敬业、诚信、友善）的目标和方向，没有主导价值观的导向作用，社会主流价值观和公民基本价值观就失去了前进方向和奋斗目标；而社会主流价值观为国家主导价值观、公民基本价值观提供良好的社会风尚和精神支柱，没有社会主流价值观，国家主导价值观和公民基本价值观就无以立足，失去生存空间和社会环境；公民基本价值观是国家主导价值观、社会主流价值观的道德基石和行为规范，没有公民基本价值观，国家主导价值观和社会主流价值观就缺乏行为基础。这三个层次的核心价值观，集中地、具体地体现社会主义核心价值体系的行为要求，并且相互联系、相互贯通，涵盖了“三个有机结合”，即中国特色社会主义的政治理想、社会导向、行为准则上的有机结合；国家、集体、个人在价值目标上的有机结合，国家、社会、个人在价值愿望和追求上的有机结合。“三个倡导”以完整性、丰富性全面覆盖和系统贯穿社会主义核心价值体系的四个方面，体现了社会主义核心价值体系的精神内核和本质规定。

社会主义核心价值体系四个方面以及核心价值观“三个倡导”之间以及内部诸要素之间，都是要素与部分间的紧密相连，彼此不可分割，相辅相成，并且都离不开社会主义核心价值体系的整体。马克思主义唯物辩证法要求我们，用系统的方法来考察事物。所谓系统方法，就是按照事物本身的系统性把对象放在它所属的整体中加以考察。系统方法在运用中强调的就是整体性，是要把研究的对象放到整体中来认识，不仅强调整体内部的各部分、各要素之间是有联系的，而且强调这种联系是有一定结构和规律的，说明整体、部分、要素都处在运动变化之中，说明整体离不开部分、要素，整体是以部分、要素为基础的，整体大于部分、要素，是部分、要素的集合，但不是简单的相加、机械的捏合。因此，要全面深刻地理解和掌握社会主义核心价值体系，需要从系统论角度，着力于其内在逻辑的把握。

第8章　加强社会主义核心价值体系建设，落实“三个倡导”

“哲学家们只是用不同的方式解释世界，问题在于改变世界。”① 马克思主义最基本、最首要的特点就是实践。社会主义核心价值体系也毫不例外地在于人们的学习、领会和实践，转化为改变世界的“物质力量”。2007 年胡锦涛在“6.25”讲话中指出，我们要站在全面实施党和国家发展战略的高度上，大力建设社会主义核心价值体系，巩固全党全国各族人民团结奋斗的共同思想基础。中国共产党第十七次全国代表大会报告《高举中国特色社会主义伟大旗帜　为夺取全面建设小康社会新胜利而奋斗》指出：“建设社会主义核心价值体系，增强社会主义意识形态的吸引力和凝聚力。……切实把社会主义核心价值体系融入国民教育和精神文明建设全过程，转化为人民的自觉追求。积极探索用社会主义核心价值体系引领社会思潮的有效途径，主动做好意识形态工作，既尊重差异、包容多样，又有力抵制各种错误和腐朽思想的影响。”2009 年党的第十七届四中全会指出：“开展社会主义核心价值体系学习教育。党员、干部模范学习践行社会主义核心价值体系，是建设马克思主义学习型政党的重要任务。”基于发展中国特色社会主义的现实需要，大力建设社会主义核心价值体系，成为当前中国共产党思想理论建设和思想政治教育工作的重要战略任务。2011 年党的十七届六中全会提出建设中国特色社会主义文化强国的目标。2012 年党的十八大从建设社会主义文化强国，实现民族复兴和构建全民族精神家园的战略高度，进一步提出“加强社会主义核心价值体系建设的战略任务”，并使之具体化，以“三个倡导”的精简表达，昭示国人处理好国家、社会、

---

① 《马克思恩格斯选集》，第 1 卷，人民出版社，1995 年版，第 57 页。

个人的利益关系。这是对社会主义核心价值体系的具体化，是对马克思主义指导思想、中国特色社会主义共同理想、以爱国主义为核心的民族精神和以改革创新为核心的时代精神、社会主义荣辱观的具体注释。“倡导富强、民主、文明、和谐，倡导自由、平等、公正、法治，倡导爱国、敬业、诚信、友善”，积极培育践行社会主义核心价值观，加强社会主义核心价值体系建设，重在落实“三个倡导”。

8.1　社会主义核心价值体系建设和“三个倡导”的基本原则

社会主义核心价值体系作为社会主义中国的精神旗帜和兴国之魂，关键在于坚持科学而正确的原则，并选择有效的方法，倡导富强、民主、文明、和谐，倡导自由、平等、公正、法治，倡导爱国、敬业、诚信、友善。所谓原则，就是指人们说话或做事所依据的法则或标准，它一般是经过人们长期的生产生活实践检验，所整理出来的带有一般性、合理性和总体性的基本规律。遵照原则办事，事情就会正确而顺利；反之，就可能遭到挫折或失败。所谓方法，就是人们在认识世界和改造世界的活动中，为达到一定的目的所采取的方式和手段。列宁认为，方法也就是工具，是在主体方面的某个手段，主体方面通过这个手段和客体相联系。社会主义核心价值体系建设要取得良好的效果，无疑需要有正确的、科学的原则和方法。根据党中央的精神，加强社会主义核心价值体系建设必须坚持以下基本原则：坚持马克思主义“一元主导”，尊重差异，包容多样；党员干部和青年学生率先垂范，家庭学校与社会形成合力；群众性精神文明创建活动载体与民间文化渗透交融渗透。

8.1.1　马克思主义“一元指导”，尊重差异，包容多样

当代中国社会转型和体制转轨，从经济基础到上层建筑都在经历着前所未有的变革。社会思想意识形态领域，传统与现代、理性和非理性、进步和落后的思想意识和价值取向交织并存，整个社会处于思想文化多元、多样和多变的状态。而社会主义核心价值体系的四个方面、“三个倡导”的

三个方面，都有层次性，反映在实践主体上，既有广泛性又有先进性。基于此，建设社会主义核心价值体系，落实“三个倡导”，培育践行社会主义核心价值观，都必须遵循在马克思主义“一元指导”下，尊重差异，包容多样的基本原则，用社会主义核心价值体系理性包容、引领、整合多样化社会思潮和多样化社会思想价值观念。正如印度圣雄甘地曾指出的：“不宽容本身就是一种暴力，是妨碍真正民主精神发展的障碍。”这句话可以借鉴用来指导我们以社会主义核心价值体系引领多样化社会思潮、积极培育践行社会主义观的实践活动。当今各种社会思潮、各种价值体系异彩纷呈的形势下，我们固然要一改传统的封闭型模式，承认多种价值观和多种文化并存，大胆借鉴西方社会思潮和多样化价值取向的合理因素，但始终要牢牢把握和坚持以马克思主义指导思想为灵魂的社会主义核心价值体系在意识形态领域的指导和主导地位。如果缺乏指导和主导，就会表现出“你中有我、我中有你”的兼容状态，就会“淡化意识形态”，乃至在意识形态领域偏离方向，失去正确航向。

坚持马克思主义“一元指导”，就是指在处理社会主义核心价值体系与非社会主义价值体系、社会主义核心价值观与非社会主义核心价值观的关系中，以马克思主义引导和统摄多样化的社会思潮和价值观念，建立起社会主义核心价值体系与其他价值体系之间主导和被主导、引领与被引领、带动与被带动、整合与被整合的良性互动的协调关系。遵循马克思主义“一元指导”，在目标层面上，就是要使社会主义核心价值体系成为我们社会意识形态的主流，使“自由、平等、公正、法治”成为我们社会倡导的主流价值观，其他的价值体系和价值观成为服从社会主义核心价值体系和社会主义核心价值观的支流。因此，以社会主义核心价值体系“引领”与“整合”多样化社会思潮和多样化价值观，处理好社会主义核心价值体系与多样化社会思潮和价值观念之间的关系，是加强社会主义核心价值体系建设的重要内容和必然要求。所谓“引领”，是指用社会主义核心价值体系把非社会主义核心价值体系的思想和行为引导、带领到社会和谐与科学发展轨道上来。也就是说，对于各种非社会主义核心价值体系或反社会主义核心价值体系的思想价值观念，进行辨别、引导、带领，使人民群众自觉践行社会主义核心价值观。所谓“整合”，指的是用马克思主义的立场、观点和方法去分析各种社会思潮和多样化价值观的本质特征、表现形式、社会影响、变化进程以及产生的根源，在此基础上，用马克思主义的精神实质去分析、辨别、批判、借鉴和改造多样化的社会思潮。无论“引领”还是“整合”，我们都要遵循马克思主义的“一元指导”。

社会主义核心价值体系建设，重在以社会主义核心价值体系“引领”多样化社会思潮。具体而言，就是要充分辨识多样化社会思潮当中，哪些是与历史前进方向一致的正确思潮，哪些是与历史前进方向无涉的中性思潮，哪些是与历史前进方向相背离的错误思潮。这就要求我们首先承认非主流思想存在的合理性以及思想文化多样性对文化和谐的价值所在；然后要善于辨别，认清非社会主义核心价值体系的盲目性和无序性，在辩证的批判中有力抵制各种错误思想；最后在因势利导中，把属于非核心价值体系的思想和行为引导到主流意识形态方向上来，进而处理好意识形态领域主流与支流之间的关系。因此，我们应当做到以下两个方面：一方面，我们必须注意对反马克思主义、反社会主义的思想观点进行旗帜鲜明的斗争，批判其理论基础，揭露其思想危害，以增强人们明辨是非的理性思维能力和自觉抵制各种不良社会思潮侵蚀的能力。比如，对新自由主义思潮，我们要揭穿其攻击四项基本原则的政治谬论，又要批判其“资产阶级的抽象人性论”、“非意识形态论”等唯心史观的理论基础；对“第三条道路”思潮，我们要揭露其为西方发达国家继续在全球执行霸权主义作辩护的实质；对民族分裂主义思潮，我们要揭示出这是西方敌对势力破坏我国边疆地区政治稳定，危害我们民族团结的“西化”、“分化”的政治图谋，比如对待“西藏独立”、“东突厥斯坦独立”等方面的思想和行为，我们都要探究其具体根源和实质，并对其发展趋势进行科学预见。另一方面，对非马克思主义、非社会主义思潮中的某些观点，要善于挖掘其合理、有益的成分，以丰富和充实社会主义核心价值体系的思想意识。对某些思潮中与社会主义核心价值体系的基本精神比较一致的观点和主张，我们可以充分肯定、支持、吸收和借鉴。比如，生态主义社会思潮，它关于保护生态平衡、人与自然协调发展的思想值得我们借鉴；科技革命思潮，其中关于科技革命是强大生命力的思想是我们应该吸取的。值得强调的是，一些反动的错误思潮，也有一些合理的成分值得我们深入研究和借鉴。比如：新自由主义思潮关于市场是有效配置资源的机制的思想，主张减少政府对经济的干预，压缩政府开支，提高政府效率等思想观点，对于我们建立健全社会主义市场经济体制也具有重要的借鉴作用；关于加强法制和使政府行为纳入法制轨道的观点、关于尊重人权和人的自由发展的主张，以及新自由主义经济学的某些研究方法等都有值得我们吸取和借鉴之处。对于民主主义社会思潮，我们也应善于选择、借鉴其中合理因素为我所用。总之，对多样化思潮和思想观念中合理的、有益的成分，我们要在批判地吸收的同时，注意对其进行引导和优化，发挥其有利于发展中国特色社会主义、有利于增强中国特色社会主义制度自信、道路自信和理论自信的正面功能。

遵循“尊重差异，包容多样”应该成为建设社会主义核心价值体系，积极培育践行社会主义核心价值观应该遵循的原则。一方面，这一原则是我们长期以来繁荣社会主义文化方针的具体要求；另一方面，是社会主义核心价值体系、社会主义核心价值观本身的理论特点所决定了的。首先，遵循“尊重差异，包容多样”的原则建设社会主义核心价值体系，培育践行社会主义核心价值观，这是我们党“百花齐放、百家争鸣”的文化方针在社会主义核心价值体系建设中的具体体现。毛泽东曾经说过，我们的工作要求是依靠多数和照顾全局，因此，以社会主义核心价值体系引领多样化的社会思潮和多样化的思想意识，也特别要注意依靠多数和照顾全局。问题的关键在于，我们要明确“尊重差异，包容多样”的“差异”和“多样”指的是在思想文化领域的“百家”与“百花”，即指在丰富多彩的民族优秀文化传统和人类文明成果中，科学上的不同学派、文化艺术上的不同风格、多样化的思想文化形式等。只要是不反对“四项基本原则”的思潮和思想价值观念，我们应当采取理性态度，倡导“百家”和“百花”等多样化思想在平等对话、宽容礼让、和而不同中共生、共存和共融，切忌采取非此即彼的批判、排斥和打击式的道德评价和教育模式。但是，如果是反对或违背“四项基本原则”的思潮或思想观念，我们就应该毫不退缩地坚决加以打击和取缔。其次，社会主义核心价值体系作为社会主义先进文化的精髓，它仍然继承了新民主主义文化和社会主义文化的特点，即“民族的、科学的、大众的”，“面向世界、面向现代化、面向未来”的，具有广泛性、先进性和层次性特点。因此，社会主义核心价值体系是广大党员干部和群众的思想理论武器，有极大的包容性，但又具有先进性，能最大限度地凝聚不同民族、不同党派、不同宗教、不同阶层、不同群体人们的思想，在挖掘各方人士积极向上的精神因素形成思想共识的同时，能够最大限度地凝聚力量以发展中国特色社会主义。正因为如此，坚持马克思主义“一元指导”，尊重差异，包容多样，以社会主义核心价值体系引领、整合多样化社会思潮与多样化社会思想意识是社会主义核心价值体系建设、培育践行社会主义核心价值观必须遵循的原则。

坚持马克思主义“一元指导”，尊重差异，包容多样，以社会主义核心价值体系引领多样化社会思潮，落实“三个倡导”，积极培育践行社会主义核心价值观，目的不是强制的取代和镇压，而是把与社会主义核心价值观不一致的思想和行为，引导到主流意识形态方向上来，真正实现社会主义核心价值体系与非核心价值体系之间形成主导与被主导的良性互动关系，进而在文明多样性中推动社会主义文化大发展、大繁荣，巩固马克思主义指导思想在社会主义意识形态领域的指导地位，增强社会主义意识形态的吸引力和凝聚力。

8.1.2　家庭学校与社会形成合力，党员干部和青年学生率先垂范

党的十八大强调要加强社会主义核心价值体系建设，落实“三个倡导”，积极培育践行社会主义核心价值观。“三

个倡导”是覆盖各领域、代表全国人民最大公约数的价值取向，要把社会主义核心价值体系、社会主义核心价值观融入国民教育和精神文明建设全过程、现代化建设的始终，是一个覆盖各方面、各层次、各领域的全民参与的社会系统工程。家庭、社会、学校各领域都自觉不自觉地承担着重要的使命和责任。就学校教育而言，我们的国民教育，一般指国家办的正规的小学、初中、高中以及各级各类普通高等院校和各种职业培训学校的教育。但在当今学习型社会，国民教育不单纯指学校教育，还涵盖了家庭教育、学校教育和社会教育等涉及教育的各领域、各层次的全民教育和终身教育。党的十七大报告指出，大力弘扬爱国主义、集体主义、社会主义思想，以增强诚信意识，加强社会公德、职业道德、家庭美德、个人品德建设，发扬道德模范作用，引导人们自觉履行法定义务、社会责任、家庭责任。这一思想为我们通过党和政府建立教育机制互联、教育功能互补、教育力量互动的学校、家庭、社会“三位一体”的教育网络提供了理论和政策支持。这就要求我们在社会教育（形成社会公德)、职业教育（形成职业道德)、家庭教育（形成家庭美德）等各领域，以党政干部和青年学生为重点群体，坚持用马克思主义中国化的最新成果，特别是社会主义核心价值体系的内容武装全党、教育人民。党的十八大强调，全面提高公民道德素质，这是社会主义道德建设的基本任务。要坚持依法治国和以德治国相结合，加强社会公德、职业道德、家庭美德、个人品德教育，弘扬中华传统美德，弘扬时代新风。推进公民道德建设工程，弘扬真善美，贬斥假恶丑，引导人们自觉履行法定义务、社会责任、家庭责任，营造劳动光荣、创造伟大的社会氛围，培育知荣辱、讲正气、作奉献、促和谐的良好风尚。社会主义核心价值体系建设是当代中国的“筑魂工程”，提高社会主义核心价值体系建设的实效，需要家庭、社会、学校等全社会各部门齐抓共管，遵循以党员干部和青年学生为重点群体的学校教育、社会教育和家庭教育“三位一体”国民教育的合力原则。

党员干部和青年学生的理想信仰、荣辱观念、道德情操、价值取向决定着中国特色社会主义未来发展走向和前途命运。当前，我们的思想价值观主流是好的，但仍有部分党员干部和青年学生受到西方各种思潮的影响和误导，存在着对我们的社会制度、指导思想、政治制度、经济制度、改革开放等“六个为什么”和划清“四个重大界限”等重大理论和现实问题的模糊认识。帮助广大党员干部和青年学生澄清关于中国特色社会主义价值观领域的模糊认识，是新时期党的思想政治教育和思想道德建设的现实课题。家庭教育、社会教育和学校教育是实现马克思主义理论最新成果武装全党、教育人民的主渠道、主阵地。

高校思想政治教育主要对大学生进行世界观、人生观和价值观教育，具有极强的政治功能和阶级属性。用马克思主义中国化最新的理论成果武装和教育青年大学生，帮助他们把马克思主义、社会主义、爱国主义、开拓创新精神以及热爱祖国、热爱人民、热爱科学、勤俭节约、勤劳勇敢、诚实守信、艰苦奋斗的价值观念自觉内化于心，外化为自觉的行为习惯，是高校德育的题中应有之义。显然，学校教育起着举足轻重的作用。但是，学校教育与家庭教育和社会教育不可分割。我们的大学生群体来自社会、来自不同家庭，因而富有个性、差异性。单亲家庭子女、独生子女、父母在异地打工的农村家庭子女等复杂多样的情况无疑给我们的思想教育增加了难度。从学校思想政治教育的教材教法、课堂教学以及德育教师队伍建设、校园文化等方面都存在诸多问题。在增强社会主义核心价值体系教育的针对性、开放性和实效性方面，目前还没有充分而有效地调动和配置各种资源，形成社会主义核心价值体系教育系统内外诸要素的有机结合，并产生合力效应。我们必须探索如何使对大学生的社会主义核心价值体系教育由学校向家庭延伸、向社会拓展，真正形成以学校教育为主导、以家庭教育为主托、以社会教育为主线的教育体系，努力增强学校教育、家庭教育、社会教育“三位一体”的合力格局。

2004年8月，中共中央、国务院下发的《关于进一步加强和改进大学生思想政治教育的意见》把加强和改进大学生思想政治教育的任务归纳为四项，其中强调了要深入进行世界观、人生观、价值观教育；深入进行弘扬和培育民族精神的教育；深入进行公民道德教育；深入进行素质教育。这就要求我们要以理想教育为核心，以爱国主义教育为重点，以基本道德规范教育为基础，以大学生的全面发展为目标。当前形势下，学校这一主渠道、主阵地要把社会主义核心价值体系的科学内涵和基本内容渗透到大学生思想政治理论课的教育教学中，让大学生树立马克思主义立场、观点和方法，树立中国特色社会主义共同理想，并对社会主义荣辱观的“八荣八耻”真学、真懂、真行，在眼前和未来的生活与工作中自觉实践社会主义核心价值观。因此，社会主义核心价值体系“三进”（即“进教材、进课堂、进学生头脑”）是学校教育的主题。新时期的社会主义高校“如何培养人”、“怎样培养人”必须着力于抓好社会主义核心价值体系“三进”工作。所谓社会主义核心价值体系“进教材”，就是要在高校各门思想政治理论课中从不同角度、不同侧面渗透社会主义核心价值体系的相关内容。比如，在《思想道德修养与法律基础》教材中引入抗震救灾英雄群体的感人事迹和志愿服务精神教育、第29届北京奥运会残奥会奥林匹克精神教育，以生动感人的历史事实感染学生，让学生心灵深处受到震撼和触动，让学生感觉到高尚的精神品格离自己不是遥远的、空洞的、抽象的。在《马克思主义哲学基本原理》等教材中，增加关于人与自然、人与社会和谐思想以及科技的人文关怀与科技异化等方面的内容，加强对大学生的生态文明教育，丰富和强化大学生环境保护、资源节约、生态伦理等方面知识的渗透，使他们把健康环保的意识和责任感带入将来的事业发展中。所谓社会主义核心价值体系“进课堂”、“进学生头脑”，就是要通过学校课堂内外的教学中教学主体（教师）与教学客体（学生）的双边活动，使学生真正从思想上接受、内化社会主义核心价值体系的思想内涵。教学是一个系统，教学也是一门艺术。因此，如何充分调动教学系统特别是教师主体各方面的积极因素，比如基本素质、教学技巧、教学方法等师品（德高为师）、师智（学高为师）、师能（技高为师）、师表（身正为师）等，应该是加强社会主义核心价值体系课堂建设的题中应有之义。在社会主义核心价值体系“三进”的探讨和摸索中，“不仅要解决学生对社会道德基本要求知不知、懂不懂的问题，而且还要解决信不信、行不行的问题”。① 增强社会主义核心价值体系“三进”实效性，还必须建设良好的学校人文环境。根据思想政治教育的显性课程理论和隐性课程理论，除了课堂教学实效性建设外，还要充分挖掘隐性思想道德教育资源。比如，校园动态文化(师生共铸的校风、教风、学风等)、校园静态文化（校园环境、人文景观、学校管理制度）等都以比较隐蔽的形式，使学生在无意识间获得某种思想道德、价值观的熏陶。

学校教育是对青年大学生群体进行社会主义核心价值体系教育的主渠道，但学校教育无时无刻不在受着社会教育和家庭教育的影响。学校教育离不开社会的现实土壤。因此，要增强对大学生社会主义核心价值观教育的实效性，“要求形成一个理论教学与实践教学相结合的教学体系”。② 那么，社会实践使学生在课堂上接受的社会主义核心价值观教育在社会环境和社会实践中得到巩固和强化。比如，开展大学生志愿服务、社会调查、专业实习、“三下乡”、义务家教等体察社会的社会实践活动都在无形中教育学生“做一个有道德的人”。但是，社会环境也会在不同程度上对大学生价值观的养成带来消极影响，比如，恶化的社会风气会给学校价值观教育形成极大的破坏性冲击。试想，一个诚信不盛行的社会怎么可能让生活在社会中的千百万大学生“出污泥而不染”？在当下社会主义市场经济深入发展，改革开放继续推进的中国，“处于转型期的社会，原有的道德规范逐渐失灵，法律和道德方面漏洞的存在，客观上助长了不讲诚信的社会风气，形成了不讲诚信的社会大环境”。③ 这必然会影响到身处市场经济大潮中的每一个社会成员，进而直接影响价值观尚未定型的青年大学生的道德取向。因此，要在国民教育中融入社会主义核心价值体系，必须在社会的每一个角落都

① 王滨有：《高校思想道德修养课实践教学和德育活动刍议》，载《思想理论教育导刊》，2004 年第 7 期。

② 顾钰民：《以创新精神推进思想政治理论课的改革和建设》，载《思想理论教育》，2006 年第 3 期。

③ 郭更新：《诚信的缺损与重建》，载《科学社会主义》，2003 年第 1 期。

得以有效渗透，只有这样才能赢得良好的社会环境，积极配合学校教育。正因为此，家庭这一社会的细胞，对青年大学生形成正确价值观发挥着不可忽视的作用。家庭成员思想、政治、文化素质及思维方式和处事方式等直接影响着青年大学生的理智、情感、意志和态度等非智力因素，进而对其世界观、人生观和价值观的形成产生重大影响。在当前社会主义市场经济条件下，经济社会的变化给家庭教育带来了挑战、家庭内部道德传递力量有弱化的趋势，这就要求我们加强全体社会成员的社会主义价值观教育，提高广大人民群众的思想道德水平和思想政治素质，每一个家长、每一对父母都以下一代的健康成长为中心目标，言传身教，积极配合学校道德教育。

总之，社会主义核心价值体系建设是一个群众化、大众化、生活化的社会系统工程，学校教育、家庭教育、社会教育“三位一体”的格局促成教育合力，党员干部和青年学生力求发挥率先垂范的作用对社会主义核心价值体系建设无疑起着积极的推动作用。

8.1.3 群众性精神文明创建活动，培育民间文化价值主流

社会主义核心价值体系建设是中国特色社会主义和谐文化建设的根本。自党的十六届六中全会以来，我们党多次强调要把社会主义核心价值体系融入国民教育和精神文明建设全过程。根据党的十七大报告精神，我们要坚持社会主义先进文化前进方向，推动社会主义文化大发展、大繁荣，增强国家文化软实力。加强社会主义核心价值体系建设，要遵循群众性精神文明创建活动与民间文化①交融互补的原则，以城市的群众性精神文明创建活动带动平民文化或民间文化，尤其是乡村民俗文化活动，以促进社会整体核心价值观的全

① 这里指的“民间”不是指社会学意义的民间，更多意义上指最广大人民群众所赖以生存、生活的空间，意指群众性、平民性的民众生活空间。由于在同一个地域、同一个民族或具有某种族群性质的人们总是共同遵循一定的生活方式和道德行为规则，因而就会形成一定的民间文化。

面提升。党的十八大报告再次强调，要深化群众性精神文明创建活动，广泛开展志愿服务，推动学雷锋活动、学习宣传道德模范常态化。

社会主义精神文明建设一直是中国特色社会主义发展的一个重要目标和任务。1979年9月，党的十一届四中全会上叶剑英同志第一次使用“社会主义精神文明”的概念。1996年10月，党的十四届六中全会《中共中央关于加强社会主义精神文明建设若干问题的决议》正式提出“群众性精神文明创建活动”的概念，并且明确指出，全国各地广泛开展的群众性精神文明创建活动，是人民群众移风易俗、改造社会的伟大创造。该决定还强调要深入持久地开展精神文明创建活动；要以提高市民素质和城市文明程度为目标，开展创建文明城市活动；要以提高农民素质、奔小康和建设社会主义新农村为目标，开展创建文明村镇活动。随着社会主义市场经济发展和思想道德建设的不断推进，“群众性精神文明创建活动”越来越与全体社会成员的生活息息相关，并且已经成为各级党委、政府和社会各界普遍关注和参与的一项经常性、群众性的工作。群众性精神文明创建活动是为了丰富和提升广大人民群众的思想文化道德生活与境界的，因此，始终离不开广大人民群众所生活的空间——“民间”、“民间组织”。在社会主义核心价值体系建设过程中，群众性精神文明创建活动与民间文化渗透交融互补，就会大大增强社会主义核心价值体系群众化、大众化和社会化的建设效应。因此，社会主义核心价值体系建设要坚持群众性精神文明创建活动与民间文化渗透交融互补的原则。

随着经济转型与社会变革，“道德不再是单一的国家政府问题，而变成了全社会的问题；道德不只是具有政治意义，更具有生活意义”。① 因此，以社会主义核心价值体系为根本的社会主义和谐文化建设，必须加强以倡导社会主义核心价值观为根本的群众性精神文明创建活动，把社会主义核心价值体系的思想理念转化为群众喜闻乐见的形式渗透到

① 陈晏清：《当代中国社会转型论》，山西教育出版社，1998年版，第224页。

大众文化和平民文化之中。也就是说，要把社会主义核心价值观念与最基层、最广大的人民群众零距离接触，增强社会主义核心价值体系的亲和性和感染力，即通过群众性精神文明创建活动载体和民间文化载体，大力弘扬社会主义核心价值体系的主旋律。

社会主义核心价值体系的内容要渗透到全社会、内化民心，从文化、科技、卫生“三下乡”到“百城万店无假货”，通过开展以创建文明城市、文明村镇、文明行业等形式和通过乡规民约、厂矿企业的条例规章以及学生守则等实现以社会主义核心价值体系为主要内容的文化价值观渗透，落实“爱国、敬业、诚信、友善”社会主流价值观，实现城乡文明程度的显著提高，这是社会主义核心价值体系建设和培育践行社会主义核心价值观的重要环节。只有把社会主义的群众性精神文明创建活动与广大人民群众的生产、生活实际结合起来，才能最大限度地实现广大人民群众移风易俗、改造社会。当前加强社会主义核心价值体系建设，在城市，就是要着重加强厂矿、企业、社区的教育渗透和实践活动，并采取相应的评比、奖惩等方式促进城市先进文明道德风貌的形成；在农村，就是要积极推进以科学发展观指导下的社会主义新农村建设，着重丰富和改善农民的文化生活和道德精神风貌，陶冶农民的思想道德情操，用社会主义核心价值体系去武装广大民众。

如何把以社会主义核心价值体系为主要内容的群众性精神文明创建活动与在民间文化中渗透社会主义核心价值体系结合起来？古有“学在民间”之说，即在民风民俗中教化人们对社会道德规范和价值原则的自觉和自律。所谓民风民俗，“风者，气也；俗者，习也。”儒家的道德教化很重视社会氛围或民风对个体道德养成的重要作用的发挥。孔子所谓“里仁为美”，荀子强调的“居必择乡”等都是这个道理。在美国，国家核心价值理念是以潜移默化的方式渗透到公民日常生活秩序中，转化为托克维尔所说的“民情”，这既降低了国家维持核心价值理念的行政成本，又保证了国家核心价值理念的有效社会政治整合功用。广阔的民间空间、民间组织与民间活动，不能不说是社会主义核心价值体系建设的有效载体。群众性精神文明创建活动要充分利用民间组织、民间活动等载体。因为民间组织不但自身是社会公德的维护者，同时还向社会宣传渗透一些普世的社会价值观念，如爱护地球、维护正义、性别平等、人权与民主等。因此，我们要在一些积极的群众性活动中，用社会主义核心价值体系去武装民间组织，使社会主义核心价值体系渗透或转化为民间组织、民间文化活动的内容和形式，把社会主义核心价值体系渗透于“民间文化”之中，把“自由、平等、公正、法治”的价值理念通过大众化、生活化、通俗化的方式潜移默化地引导人民群众的行为取向。比如，具有民族特色、民族风情的民间歌谣、谚语、民间故事、地方戏曲等形式存在的民间文化；或以慈善性组织、环保组织、志愿性服务组织等不同形式、不同级别的民间组织；以非正式、非正规的农事活动、文艺活动、宗教活动、宗族活动等，特别是春节、清明节、端午节等民间广为重视的传统节庆活动，或通过祭祀孔子、妈祖、关帝等民间信仰活动，或各种红白喜事等民间事务活动都是宣传、渗透、落实“三个倡导”可以利用和挖掘的载体和形式。

当然，遵循群众性精神文明创建活动与民间文化渗透交融互补的原则，要体现差异性和务实性，要十分讲究社会主义核心价值体系引领和整合民间多样化思想意识的工作艺术和工作方法。因为在广阔的民间生存、生活的人民群众来自不同地域和民族，有着不同风俗和信仰；来自不同的社会阶层和不同家庭，有着不同的物质利益需要和价值诉求。如何把社会主义核心价值体系的高深理论转化为地方群众易于接受的大众化语言和活动形式，提高社会主义核心价值体系在广大人民群众中的渗透实效性？2002 年，胡锦涛同志在全国宣传部长工作会议上明确指出：“加强和改进思想政治工作，要十分注意把解决思想问题同解决实际问题结合起来。我们党从来就是靠实实在在为群众谋利益，而不是靠空洞的说教来赢得人民群众的拥护和爱戴的。”① 我国人口多、民族多、

① 中共中央政策研究室：《十五大以来重要文献选编》（下），人民出版社，2003 年版，第 2220 页。

宗教信仰多样化的实情，决定了社会主义核心价值体系建设也要为着最大限度地推动民族和谐、宗教和谐乃至整个社会和谐。因此，加强以社会主义核心价值体系引领民间文化价值观和民间宗教信仰，要“根据当地经济生活发展的客观现实需要和少数民族内在的文化心理需要，采取相应的政策和措施来加以实施，尽量做到有的放矢”。① 一切社会制度或习俗、信仰等对外起着适应环境、增强抵抗能力的作用，对内起着调适个人与个人、个人与集体之间关系的作用。在广大人民群众中流传下来的信仰心理和行为方式“是他们日常生活的精神慰藉和寄托”。② 不同民族、不同阶层的群众存在着多种带有浓厚地域、族群色彩和阶层色彩的生活方式、价值观念，其中有符合社会主义核心价值观的方面，也有与社会主义核心价值观相违背或相抵触的一面。因此，在群众性精神文明创建活动中，要把社会主义核心价值体系理论与广大人民群众所赖以生活的民间文化、民风民俗融合起来，要力求在“贴近实际、贴近群众、贴近生活”中解决“住有所居，老有所养，学有所教，病有所医”等生活实际问题；针对不同地域、不同民族的对象，要力求在尊重和包容前提下，对他们进行社会主义核心价值体系的理性引导和思想帮助。我们可以采取如下做法：从内容上，把地方群众的文化习俗和宗教信仰中的某些积极思想因素直接变成社会主义核心价值观，或者把社会主义核心价值体系的某些思想以教民容易接受的方式转化成教义；从活动形式上，抓住群众喜怒哀乐的情感释放的心境，渗透与社会主义核心价值体系要求相一致的伦理信念、善恶观念和道德标准，经过多次这样的渗透活动得以强化，达到以社会主义核心价值观取代在广大人民群众中存在的某些落后的、腐朽的、封建迷信的思想方法和行为模式，通过潜移默化的方式达到以社会主义核心价值体系取代一些地域、阶层的落后和保守的、不健康或亚健康的民间文化与价值观。

---

① 陈明文：《论当前我国民间信仰中传统文化资源的开发与利用》，载《湖湘论坛》，2003 年第 2 期。

② 王献忠：《中国民俗文化与现代文明》，中国书店，1991 年版，第 136 页。

总之，社会主义核心价值体系建设是社会性、全民性的系统工程，遵循群众性精神文明创建活动和民间文化渗透交融互补的原则，力求实现社会主义核心价值体系大众化、民间化、通俗化、生活化，是社会主义核心价值体系成为民间文化的主流价值观。

8.2　社会主义核心价值体系建设和“三个倡导”的基本方法

毛泽东同志曾经说过：“我们不但要提出任务，而且要解决完成任务的方法问题。我们的任务是过河，但是没有桥或没有船就不能过。不解决桥或船的问题，过河就是一句空话。不解决方法问题，任务也只是瞎说一顿。”① 胡锦涛同志曾强调指出，思想政治工作要创新教育方法，改进引导方式，切实做到因势利导，潜移默化，春风化雨，注重实效。党的十八大把社会主义核心价值体系具体化地精简概括为生动的“三个倡导”，浓缩、精练的语词表达，更加易于人民大众“内化于心，外化为行”。总之，社会主义核心价值体系建设要在国民教育和精神文明建设全过程中取得实效性，“三个倡导”要真正落实到行动中，还应当充分采用以下基本方法，即理论灌输与实践体验结合、人文关怀与心理疏导结合、网络与制度保障结合等。

8.2.1　理论灌输与实践体验结合

社会主义核心价值体系建设和“三个倡导”就是要用社会主义核心价值体系、社会主义核心价值观掌握群众，使之内化于心、外化于行动。要达此目的，既要采取理论灌输，又要通过实践体验的方法。理论灌输也可谓“强制认同”，即指通过灌输、说教或伦理制度化等方式使道德主体形成道德认知和道德习惯。由此可见，在加强社会主义核心价值体系建设、积极培育社会主义核心价值观的实践过程中，作为理论宣传和教育工作者，就是要以通俗化的形式、生活化的

---

① 《毛泽东选集》，第 1 卷，人民出版社，1991 年版，第 139 页。

语言、大众化的风格，把富强、民主、文明、和谐的思想内涵讲透彻，把自由、平等、公正、法治的精神理念讲清楚，把爱国、敬业、诚信、友善的科学内涵讲充分，使之以“贴近生活、贴近群众、贴近实际”的方式更好地走进群众、深入心灵，转化为社会群体心理意识，以潜移默化的形式引领多样化的社会思潮和多样化的价值取向，凝聚全民族共同的思想道德基础与意志力量。柯尔伯格在谈到对灌输的看法时曾说：“我不再坚持用否定的态度看待带灌输性质的道德教育，现在我了解到，道德教育必然在一定程度上带有灌输的性质。”① 社会主义核心价值体系建设，首先通过理论灌输把该体系的科学内涵转化为人们的思想道德意识，即“内化认同”。但是，从理论教育方法角度看，教育的过程并非纯理论的活动，教育既强调向被教育者传授抽象的理论，更注重被教育者在具体的相关实践中对这些理论进行具体运用、感受、体验、阐明和发挥。因此，社会主义核心价值体系建设仍要通过具体环境下的行为选择和自我道德评价活动，才能真正“外化于实践”，达到对理论的真信、真行。内化认同是外化实践的前提，外化实践是内化认同的目的。内化认同要通过理论灌输来实现，外化实践要通过实践体验得以巩固强化。

在马克思主义发展史上，列宁在领导俄国十月社会主义革命的实践中第一次对“灌输”问题进行系统阐释。1902年列宁曾在《怎么办》一书中阐明了这样的观点，他说，工人本来是不可能有社会民主主义意识的，这种意识只能通过外界进行理论灌输。我们党自成立以来，在领导革命、建设和改革开放的不同历史时期的历史经验表明，党的事业顺利前进得益于我们党让无产阶级的理论掌握群众。社会主义核心价值体系建设必须加强理论灌输，可以从两个方面来谈其重要性：第一，西方大国肆无忌惮地在国内倾销资本主义私有制及其腐朽的意识形态和价值观念，中国社会处于各种思潮纷争的意识形态环境中，国人无法自发产生符合中国特色

① Barry Chazan, *Contemporary Approcahes to Moral Education* [M]. New York, Teachers College Press, 1985. 85.

社会主义发展的价值观、人生观和道德观。列宁曾指出：“对社会主义思想体系的任何轻视和任何脱离，都意味着资产阶级思想体系的加强。”① 江泽民也曾强调过，思想政治工作的实践，证明了我们的阵地，如果无产阶级思想不去占领，非无产阶级思想就必然会去占领。第二，人的思想品德形成发展离不开思想道德意识的外在灌输。要把社会主义所倡导的核心价值观转化为个体自觉的思想品德行为，必须通过外部理论灌输使受教育者“内化”社会主义核心价值体系，进而产生“理性认同”。党的十八大报告明确指出，要开展群众性文化活动，引导群众在文化建设中自我表现、自我教育、自我服务。开展全民阅读活动，这一点在培育践行社会主义核心价值观，加强社会主义核心价值体系建设实践中，具有重大的指导意义。当前，社会主义核心价值体系、“三个倡导”实现“进教材、进课堂、进头脑”，既要发动人民群众自主、自觉学习，也要通过各种组织和教学单位举办理论讲座、理论学习、理论宣传、理论培训、理论研讨等多样化学习教育形式，提高人们对社会意识形态领域复杂现象的剖析、比较和鉴别能力，以便及早扼杀违背社会主流意识思想倾向的滋长和蔓延，在日常生活和工作中，遵循“三个倡导”，自觉践行社会主义核心价值观。

马克思主义理论的内在要求就是实践。伟大的人民教育家陶行知曾强调指出，“生活即教育，是生活就是教育；不是生活就不是教育；是好生活就是好教育，是坏生活就是坏教育。”② 道德教育的本质特征就是教育与人类社会实践的浑然天成。20 世纪 60 ~ 70 年代，新道德教育流派强调认知和实践活动的重要性，认为“品德教育无论发生在何处，都必须给青年人提供各种不同的机会去行动，去实践他们正在形成的价值观和思想，根据他们的道德经验去思考他们认为有价值的东西”。③ 社会主义核心价值体系建设离不开在社

① 《列宁选集》，第 1 卷，人民出版社，1995 年版，第 327 页。

② 《陶行知全集》，第 2 卷，湖南教育出版社，1985 年版，第 180 页。

③ Ryan，Kevin，and Mclenans，G. F，*Character Development in Schools and Beyond*. Praeger Praeger，1987：26.

会生产、生活实践中演绎接受与被接受的方法。教育家赫尔巴特认为，一个人的理智与应变能力和道德自制所需要的内在态度都必然仰仗道德智慧。这样的智慧不是纯然仰承校内的、正规的、正式的学校教育来完成，而是更多地经由校外的、非正规的、非正式的教育方式来实施，这种校外的、非正式的、非正规的教育方式也就是生活实践。

自党的十六届六中全会提出社会主义核心价值体系以来，全党全国人民，从中央到地方，从专家、学者到企业、农村，从军队到学校，都在以理论研究、宣传、教育和各种实际活动形式践行着社会主义核心价值体系，落实着“三个倡导”，积极培育践行社会主义核心价值观。有些地方、城市、行业提出了自己的价值观、精神和文化。比如，中央军委围绕强化官兵精神支柱，大力培育“忠诚于党、热爱人民、报效国家、献身使命、崇尚荣誉”的当代革命军人核心价值观；我们的首善之区“北京精神”，以“爱国、创新、包容、厚德”8个字精简地表达其核心价值观，等等，在此不一一列举。很多城市、企业、军队、学校、社区都将结合自己的具体实际，在中国特色社会主义的经济、政治、文化、社会建设领域以不同方式践行社会主义核心价值体系。以大众化、生活化、日常化的生活、工作实践渗透社会主义核心价值体系，全社会倡导社会主义核心价值观，必将增强社会主义核心价值体系建设的社会效益。

课堂理论灌输与课外社会实践相结合、显性教育与隐性教育相结合的教育方法，无疑能更好地促成教育对象从思想观念转化到比较稳定的价值标准的形成，由追求真善美的自觉意识到通过自发行动实现人格的“自我创造性转化。

8.2.2 人文关怀与心理疏导结合

市场经济和网络化时代，知识信息渠道多元化，导致思想道德教育的方式特点不再是传统的教师权威、课堂权威和“我打你通”的单向灌输。而由“传道”即单向灌输思想道德结论转换为民主、平等的关心、指导、帮助等情感渗透的多元、多渠道教育方式，非智力因素在教与学的双边活动中越来越起着不可低估的作用。基于此，社会主义核心价值体系建设应当力求充满人文关怀，采用心理疏导的方法。

党的十八大报告继党的十七大报告精神，再次强调指出，加强和改进思想政治工作，注重人文关怀和心理疏导，培育自尊自信、理性平和、积极向上的社会心态。所谓“人文关怀”，就是要在做人的思想工作中体现“以人为本”，关注人的感情、关注人的思想状况、关注人的利益需求。具体地说，就是要在建设者与建设对象（或教育者与教育对象）之间的沟通和交流中，做到尊重人、理解人以解决人的情感问题；通过教育人、引导人以解决人的思想认识问题；通过服务人、满足人以解决人的利益需求问题。所谓“心理疏导”，就是通过心理交流、语言交流、思想交流等方式疏通思想并向正确的方向引导。社会主义核心价值体系的教育与渗透，一方面要体现人格平等和人与人之间的爱与关怀；另一方面又要广开言路，集思广益，并在此基础上，循循善诱，说服教育，解开人们思想上的疙瘩，化解人与人之间的矛盾，在这样的过程中提升人的思想境界和道德觉悟。

在人文关怀中循循善诱是社会主义核心价值体系建设的重要方法之一。我国古代《易经》中有“人文”一词的说法，即“刚柔交错，天文也；文明以止，人文也。观乎天文以察时变，观乎人文以化成天下”。早在 20 世纪 60 年代，西方社会为应对价值观多元的挑战，在思想教育和伦理教育领域产生了一种主张伦理关怀的道德教育理论，把“关怀”引入到思想道德教育的方法之中。按照人的思想行为活动规律，思想道德伦理教育的效果在一定程度上取决于教育主体与教育客体之间是否存在关怀或关怀的程度深浅。斯坦福大学的诺丁斯就曾敏感地意识到西方道德教育理论中过分地强调了道德判断和道德证明，而缺乏人文关怀。她认为，“关怀是所有成功教育的奠基石”。此外，英国的麦克菲尔提出了以情感的共情作用为基础的“体谅关心”理论。1989 年，联合国教科文组织发布了《学会关心：21 世纪的教育》，要求在人与人的相互关心中进行相互理解、相互沟通以达成思想共识和道德价值认同。要实现社会主义核心价值体系转化为社会群体意识，让全体社会成员接受认同并自觉实践，只有把社会主义核心价值体系从抽象的理念转化为“贴近实际、贴近生活、贴近群众”的生活实际，在建设者和建设对象之间的“关怀”与“共情”中，在解决群众生活和工作的实际困难中，才能让教育对象感受到社会主义核心价值体系不是抽象的道德原则，而是解决人们实际问题的精神武器。

心理疏导是实现社会主义核心价值体系建设目标达成的基本路径。社会主义核心价值体系建设的目标和任务就是要用社会主义核心价值体系引领多样化的社会思潮，用马克思主义、社会主义、集体主义、爱国主义等思想道德意识和价值原则取代被教育者先前存在的错误思想、落后观念、腐朽意识等与社会主义核心价值体系相抵触的思想观念。显然，这离不开教育者与被教育者之间的思想交流、交融和交锋。其中，教育者与其对象都要力求保持自尊自信、理性平和、积极向上的良好心态。通过心理疏导，对可以引领的思想倾向，就要耐心教育和帮助加以正确引导；对不正确但不属根本原则的思想、观点和意见，则帮助其进行客观的分析、解释和辨析。但是，对于一些与社会主义核心价值体系相抵触的思想观点和主张，我们必须表现出坚定的原则性，对错误的、腐朽的与社会主义格格不入的思想主张，我们要在讲透道理的同时，坚决抵制和反对。教育者要善于把科学的逻辑力量与事实的人文精神结合起来，既保持理论的严肃性，又着眼于对社会基层和百姓生活的人文关怀：一方面要警惕带有明显的阶级、政党和集团烙印的思想痕迹；另一方面又要注意，不能把学术性问题、思想认识问题和政治见地问题混为一谈。

总之，人文关怀与心理疏导法是从思想情感层面实现思想沟通与社会和谐的重要方法。教育者站在被教育者的生活境遇中去感受被教育者的“情感需要”和“个人经验”，在教育工作中力求“以理服人，以情感人”是达成实效的关键。正如教育家杜威曾经指出的：“在各种不确定的情况下，有一点是可以永久参照的，那就是教育与个人经验之间的有机联系。”① 这里的“教育”包括德育，“个人经验”即指

① 赵祥麟、王承绪编译：《杜威教育论著选》，华东师范大学出版社，1981年版，第350页。

受教育者个人不同的生活感受和生活体验。美国伦理学家汤姆·彼彻姆认为：“在道德生活中，人们考虑最多的，常常不是不断地固守原则或规条，而是更倾向于可信的品性、善良的道德感和依凭真实的感情行事。”① 正如古人所说：“知之不如好之，好之不如乐之。”所谓“亲其师，信其道”也就是这个道理。因此，在社会主义核心价值体系建设的良好方法和畅通渠道无非就是要通过人文关怀和心理疏导，使教育对象“乐”于接受社会主义核心价值体系所蕴涵的道德原则、精神信仰和价值理念。

8.2.3　网络引领与制度保障结合

党的十八大指出，加强和改进网络内容建设，唱响网上主旋律。加强网络社会管理，推进网络依法规范有序运行。当前，网络这把“双刃剑”如果利用得好，会对社会主义核心价值体系建设、社会主义核心价值观的培育发挥方便而快捷的作用。当今的现实境遇，正是高新科学技术带来的信息化、网络化飞速发展的时代。目前，多样化的社会思潮和社会思想意识的传播载体——报纸、杂志、广播、电视与网络中，网络越来越成为人们获取知识信息的重要手段。这一被人们俗称为“第四媒体”的“先锋技术”极大改变了人们的生产、生活方式和行为取向。不同国家、民族、地域和信仰的人们突破了时间和空间的界限，可以在虚拟世界里放纵自己的思想和行为。这于社会主义核心价值体系建设而言，既是挑战也是机遇。因此，使社会主义核心价值体系成为网络信息的主流，把非社会主义核心价值体系的信息引导，带领到符合社会主义核心价值观的方向上来，是当前社会主义核心价值体系建设的重要路径。当然，除了网络引领这一“软”的手段外，还必须辅之以“硬”的制度保障，二者相得益彰，才能收到良好的实效。

当前经济全球化中的国际政治经济格局基本上以资本主义国家为主导，表现在网络信息上，也是以资本主义国家的

---

① ［美］汤姆·彼彻姆：《生物医学伦理学原则》，牛津大学出版社，2001 年版，第 26 页。

信息为主导的。互联网上90%以上是英文信息。据有关部门统计，如今的互联网，从语言来看，英文的内容占95%。其中，美国的信息占80%，它提供的服务信息占95%；法文信息占3%；中文信息只占4%（内含新加坡、我国台湾地区），世界上其他众多的不同语系只占2%。就网络信息内容看，全球网络传播体系已经形成了以美国文化霸权为主导的单极化系统。就上网的网民来看，网络媒体受众绝大多数是青少年。美国等西方大国在全球一体化的网络空间，制造“文化领袖”与“政治价值领袖”的幻象，挥动“全球价值”大旗，向全球贩卖其文化和政治价值观念，从而形成网络和技术操纵下的文化与政治价值霸权。发达国家凭借信息技术和网络建设的优势将其西方资产阶级个人主义、享乐主义、拜金主义等腐朽的生活方式、价值观念强加于人，使受众对其产生认同和依赖而对自己的民族自尊心、自豪感产生动摇。目前“西强我弱”、“资强社弱”的形势表现在网络信息领域，就是各种反社会主义核心价值体系的或非社会主义核心价值体系的思潮或主义及各种价值观念向全球传播蔓延，对社会主义核心价值体系建设构成了威胁和挑战，也对我们民族未来一代的健康成长带来负面效应。

社会主义核心价值体系建设要力求使社会主义核心价值体系的科学思想内涵和基本内容占领网络信息的主阵地。美国微软公司总裁比尔·盖茨曾说：“信息高速公路将打破国界，并可能推动一种世界文化的发展，或至少推动一种文化活动、文化价值观的共享。”① 社会主义核心价值体系建设，不可忽视网络这一现代人信息生存空间的建设。让社会主义核心价值体系的科学内涵和思想内容引领网络文化、网络信息，这是社会主义核心价值体系建设的重要路径选择。胡锦涛同志在中央政治局第三十八次集体学习时指出，能否积极利用和有效管理互联网，能否真正使互联网成为传播社会主义先进文化的新途径、公共文化服务的新平台和人们健康精神文化生活的新空间，关系到社会主义文化事业和文化产业

① 花建：《软权力之争：全球化视野下的文化竞争潮流》，上海社会科学院出版社，2001年版，第261页。

的健康发展，关系到国家文化信息安全和中国特色社会主义事业的健康发展。因此，社会主义核心价值体系建设要着力建设宣传、渗透社会主义核心价值体系的网络平台。

社会主义核心价值体系建设要着力于用社会主义核心价值体系引领网络信息，即要让社会主义核心价值体系的思想内容在网络媒体中占主导和主流地位，发挥对整个网上舆论和思想传递的导向作用，使网民在网上的自由空间领域潜移默化地习得社会主义的世界观、人生观和价值观。从渗透社会主义核心价值体系的内容信息角度讲，需要抓好以下几点：第一，扩大社会主义核心价值体系的内容从“量”上在网络媒体宣传空间的占有率；第二，把社会主义核心价值体系的思想理念转化为大众化、通俗化的“网上语言”，从“质”上成为网上信息的主旋律；第三，把社会主义核心价值体系的思想内涵渗透于网民的“网上活动”中，比如，在网上购物、视频点播、可视会议、网上大学、网上图书馆等服务活动中渗透社会主义核心价值体系的道德原则和精神理念。从网上社会主义核心价值体系建设的主客体建设和管理角度讲，要抓好以下几点：第一，网络文化建设主体要具有较深厚的社会主义核心价值体系理论功底，精于驾驭、引领网上信息，对违背社会主义核心价值体系的思想信息实行坚决取缔，对不违背基本原则的思想信息进行转化和引导，能及时收集、研判、评论、筛选和监控网上信息的思想内容；第二，提高网络信息管理主体的网络知识和技术，以增强与网民的思想道德教育沟通能力；第三，建立健全网络信息管理制度，一方面以社会主义核心价值体系对传播媒体实行思想政治上的引导，另一方面对传播媒体实行跟踪管理与监督制度，比如采取批准登记制度、审读（审听、审看）制度、禁载制度、重大事件监控制度、信息保密制度、媒体从业人员思想政治教育制度和传媒负责人的任命制度，等等。总之，当前社会主义核心价值体系建设面临高科技的信息化、网络化手段的花样翻新，建设主体必须与时俱进，跟上网络时代的需要，围绕社会主义核心价值体系的网络信息引领加强建设主体、建设环境和建设内容等全方位建设。

社会主义核心价值体系建设是属于“软性”思想意识渗

透工作，但如果缺乏“硬性”的制度保障，就只会成为空洞的口头说教，而不能得到彻底的落实和体现。因此，加强社会主义核心价值体系建设，必须从制度设计、政策法规到社会管理，都得到带有根本性、全局性、稳定性和长期性的制度保障。社会主义核心价值体系为中国特色社会主义政治、经济、文化与社会各领域的基本制度从价值层面给予了规定，中国特色社会主义又为社会主义核心价值体系提供了基本制度保障。具体而言，中国特色社会主义经济，在以公有制为主体的多种经济成分共同发展、以按劳分配为主体的多种分配方式并存的基本经济制度为社会主义核心价值体系建设提供了经济方面的制度保障；中国特色社会主义政治，在人民代表大会制度、中国共产党领导的多党派合作制度、人民民主专政、人民政治协商会议制度、民族区域自治和基层民主自治制度上为社会主义核心价值体系建设提供了制度层面的保障；中国特色社会主义经济，以社会主义文化是“面向现代化、面向世界、面向未来”的民族的、科学的、大众的文化为社会主义核心价值体系建设提供了文化方面的制度保障；中国特色社会主义和谐社会，以人与自然、人与社会、人与人和谐相处的社会性质为社会主义核心价值体系建设提供了社会保障。中国特色社会主义制度在不同领域都蕴涵着社会主义核心价值体系的价值原则和精神实质，并为其提供制度保障。推进社会主义核心价值体系建设，必须致力于营造良好的制度环境，即把社会主义核心价值体系的精神融入改革取向、政策和决策制定和制度安排之中。把社会主义核心价值体系的理论内涵贯彻到政治、经济、文化和社会领域的中国特色社会主义制度环境中，才不至于导致“制度性虚伪”的表现。

当然，具备宏观社会制度框架的保障，还需要对具体建设活动给予制度、机制等管理上的约束，才能保证社会主义核心价值体系建设有效、有序地进行。有序性（制度性）原则认为，任何系统的内部结构必然表现为严格的顺序性。社会主义核心价值体系建设是一个复杂而有序的系统，只有具备制度化、经常化和规范化的硬性制度保障，才能对社会主义核心价值体系建设各方面资源、途径和方法进行有效整合，充分发挥社会主义核心价值体系建设系统中各要素的“合力”作用，收到社会主义核心价值体系建设的实效。其中，制度环境就是社会主义核心价值体系建设系统中不可缺少的建设“环体”。因此，建设社会主义核心价值体系的具体活动要得到切实有效的贯彻落实，必须有相应的政策法规、制度保障，否则，任何道德教育和价值观建设都只会成为空话。比如，中央出台关于《中小学开展弘扬和培育民族精神的实施纲要》等关于社会主义核心价值体系建设的宏观指示，从社会主义核心价值体系建设相关指导思想、实施原则、主要内容、机制保障等方面做出了具有权威性的部署，这为社会主义核心价值体系建设提供了政策依据。但是，如何把中央文件的有关政策落实到社会各行各业，还缺乏具体的制度规定，使得社会主义核心价值体系的建设缺乏明确的目标和行动方案，因而使社会主义核心价值体系在实际建设中存在随意性和盲目性。比如，某一具体的社会主义核心价值体系建设单位，由于缺乏具有权威性的机构组织和管理规范，缺乏社会主义核心价值体系建设各环节相应的监督、奖惩、激励、预警等方面的制度规定，就会出现建设活动内容和形式上的随意性，进而导致建设实效性差，甚至产生负效应的现象。比如，针对党的十八大报告提出的深入开展道德领域突出问题专项教育和治理，加强政务诚信、商务诚信、社会诚信和司法公信建设。如果能以制度化、规范化的形式建立健全对单位、个人的诚信档案，那么，一定会有力促进全社会倡导“诚信”这一社会主义核心价值观。社会主义核心价值体系建设和社会主义核心价值观的培育践行，涉及从中央到地方、从宏观到微观、从高层到基层的全面普及，从深度到广度都足以见出其广泛性和纵深性。因此，从中央到地方的各建设单位，都要具备从总体筹划、安排部署、组织实施、检查督促到效果评价每一环节相应的制度规范和制度保障。

在宏观的社会制度保障和具体的管理政策制度保障的前提下，如何在基层单位或组织，即民间自由存活空间落实社会主义核心价值体系，还有待制度化、规范化。比如，在群众性的节日、假日、祭日等传统民间活动中使社会主义核心价值体系“化民成俗”，具备制度保障；建立网络媒体信息审查和筛选的制度性规范和约束性机制体制；在地方基层对自觉践行或违背社会主义核心价值体系的人和事实行奖励和惩罚的制度化、机制化、长期化；对在地方的、民族的宗教事务活动中渗透社会主义核心价值体系的活动给予法律法规制度保障，等等。只有加强微观层面建设的制度管理，才能更加彻底地贯彻落实社会主义核心价值观。

国家核心价值理念的社会化建设必须通过具有权威性的国家权力在制度设计、制度供给与制度运转上给予政治保证和制度保障，否则，国家核心价值理念和主流意识形态就不可能在国家维系、人心整合、社会秩序方面发挥事实性的保障作用。在社会主义核心价值体系建设的创新制度保障问题上，我们可以借鉴国外价值观建设经验。比如，20 世纪 80 年代末，日本政府组建了由社会统筹管理道德教化工作的全国和地方两级道德重塑机构，来重建社会道德价值观，1989 年海部俊树组阁，政府部门曾专门召开过一个“加强德育教育全国大会”，强调把道德建设活动硬性规定为各行各业齐抓共管的分内之事。20 世纪 80 年代后期，处于经济转型时期的美国里根政府强调建立联邦、州与地方的统一道德教育管理机构，把社会道德建设和公民德育通过国家权力强制规定下来。

社会主义核心价值体系建设不是风暴式的短期行为，而是一项长期而艰巨的任务。我们应坚持“以人为本”，全面、协调、可持续的科学发展理念，遵循马克思主义“一元指导”，尊重差异，包容多样，把社会主义核心价值体系融入国民教育和精神文明建设全过程，遵循学校教育、社会教育、家庭教育的合力原则，遵循网络信息引领和制度保障相结合的原则。总之，我们要着眼于人的思想道德形成规律，不断总结社会主义核心价值体系教育、传播的经验，探索切实可行而有效的建设路径。

8.3 吸取社会主义核心价值体系建设的基本经验，推进“三个倡导”

当代中国，社会主义核心价值体系，无疑发挥着维持中国特色社会主义现存政治和社会秩序的“天然职能”。而要使这一“天然职能”得以健康正常地发挥，就必须不断加强和巩固马克思主义指导思想，强化中国特色社会主义共同理想，构筑中华民族的共同精神家园，培育社会主义荣辱观，落实“三个倡导”，积极培育践行社会主义核心价值观。只有让社会主义核心价值体系和“三个倡导”的科学思想和价值理念掌握群众，进而转化为发展中国特色社会主义的巨大物质力量，才能最大限度地发挥社会主义核心价值体系的理论价值和实践价值。自 2006 年党中央提出社会主义核心价值体系建设的重大战略任务以来，全党全国、各行各业都在不断探索以社会主义核心价值体系引领多样化社会思潮，加强社会主义核心价值体系建设的方法和途径。基于既往实践经验，可以总结出以下几点：

8.3.1　建设内容：从整体上把握社会主义核心价值体系和“三个倡导”的思想精髓

众所周知，社会主义核心价值体系的精髓是以爱国主义为核心的民族精神和以改革创新为核心的时代精神，而实事求是是马克思主义的世界观和方法论的集中体现，是马克思主义思想路线的集中概括，马克思主义是社会主义核心价值体系的灵魂，因此，社会主义核心价值体系的思想精髓无疑也是实事求是。社会主义核心价值体系学习教育和各种建设活动，都需要把握其实事求是的思想精髓，才能更好地践行社会主义核心价值体系，落实“三个倡导”，做到理论与实践、主观与客观、知与行相结合，取得社会主义核心价值体系建设的实效性。

社会主义核心价值体系的灵魂和基石——马克思主义指导思想，要求我们在实现中国特色社会主义共同理想、发挥以爱国主义为核心的民族精神和以改革创新为核心的时代精神、践行社会主义荣辱观的具体行动中，都需要遵循实事求是的思想路线，践行既要立足现实，又要着眼未来。马克思主义不仅决定了社会主义核心价值体系的性质和方向，而且，以其科学的世界观和方法论指导着社会主义核心价值体系，从理论走向实践。马克思主义指导下的社会主义核心价值体系，就是从价值层面引导人们立足现实，从实际出发，致力于社会主义、共产主义的实际运动，努力追求未来理想社会和美好生活。列宁曾经在谈到《共产党宣言》时指出："这部著作以天才的透彻而鲜明的语言描述了新的世界观，即把社会生活领域也包括在内的彻底的唯物主义、作为最全面最深刻的发展学说的辩证法、以及关于阶级斗争和共产主义新社会创造者无产阶级肩负的世界历史性的革命使命的理论。"① 这段话至少表明：第一，马克思主义作为科学世界观和方法论，它要求我们既唯物又辩证地认识世界和改造世界；第二，马克思主义作为"关于共产主义新社会的创造者无产阶级肩负的世界历史性的革命使命的理论"，在今天的世界无产阶级社会主义、共产主义运动中，还在发挥着强大的感召力和推动力。当代中国高举中国特色社会主义旗帜，坚持中国特色社会主义道路的历史与现实正在证明并将继续证明这一点。在开展社会主义核心价值体系学习教育中，应该让广大群众结合深层次的思想理论和时代背景，认真领会马克思主义这一"天才的世界观"的精神实质。

中国共产党、中国特色社会主义的过去、现在和未来，都离不开马克思主义的指引具体化到社会主义核心价值体系的其他三个方面的实际践行：中国特色社会主义共同理想的实现，需要马克思主义指导，而马克思主义指导思想也必须通过付诸中国特色社会主义发展实践，才能彰显其理论活力；以爱国主义为核心的民族精神和以改革创新为核心的时代精神，以及以"八荣八耻"为主要内容的社会主义荣辱观，都不是抽象的、空洞的，而是必须落实到马克思主义指导下的中国特色社会主义发展实践中去的。而这些理论现实价值的体现，就要求人们"沿着马克思主义的真理前进"，即立足现实、着眼未来。具体而言，就是要立足当代中国最大的现实——社会主义初级阶段的基本国情，着眼于发展中国特色社会主义，实现共产主义的理想追求。实事求是，解放思想，与时俱进，求真务实，是中国共产党历届领导集体对思想路线的创立、丰富和发展，也必然成为社会主义核心价值体系思想理论精髓。在马克思主义中国化的实践过程

① 《列宁选集》，第2卷，人民出版社，1995年版，第416页。

中，或是在中国化马克思主义的理论成果中，中国共产党及其领导下的人民群众遵循实事求是，解放思想，与时俱进，求真务实的认识路线，为着中国特色社会主义共同理想，传承和发扬民族精神和时代精神，并随着时代和实践的发展变化，以社会主义荣耻观规范自己的行动，推动着中国革命、建设与改革的历史车轮。

仔细体会社会主义核心价值体系的思想理论精髓，也就是要理解马克思主义的基本原则与中国具体实际相结合和如何结合的问题，即理解马克思主义的基本原则在中国具体实际中的运用和发展。恩格斯曾明确指出：“马克思的整个世界观不是教义，而是方法。它提供的不是现成的教条，而是进一步研究的出发点和供这种研究使用的方法。”①。在对待马克思主义的问题上，历来就有两种不同的态度，一种是教条主义的机械套用，另一种是具体问题具体分析的实事求是态度。唯书、唯上的教条主义者认为，马克思主义是放之四海而皆准的绝对真理，因而不考虑时代的发展，不考虑民族的差异，教条主义地运用马克思主义来解决中国的问题。陈独秀的“二次革命论”在中国革命道路问题上，认为必须首先经过资产阶级革命建立资产阶级共和国，然后在资本主义发展的基础上进行社会主义革命。他认为中国革命的领导阶级只能是资产阶级，无产阶级只能做资产阶级的尾巴，结果是他的右倾投降主义思想路线导致大革命的失败。王明自称是“百分之百的布尔什维克”，将苏联经验和共产国际的决议神圣化，在指导中国革命中顽固坚持“城市中心论”，认为“苏俄”式的中心城市暴动是唯一正确的革命模式和革命道路，结果将中国革命带到生死存亡的边缘。社会主义建设时期，由于对“什么是社会主义，怎样建设社会主义”问题急于求成，曾经一度超阶段地跑步进入共产主义的“左倾”跃进和盲目照搬前苏联高度集中、集权的计划经济模式和行政管理体制，使得国民经济和社会发展长期低速徘徊甚至濒临崩溃。

---

① 《马克思恩格斯选集》，第 4 卷，人民出版社，1995 年版，第 742 ~ 743 页。

社会主义核心价值体系建设，就是要以社会主义核心价值体系引领多样化的社会思潮，自觉抵制当代国际社会思潮领域的“西教条”、“洋教条”、“马教条”、“儒教条”等错误的理论，树立“什么是马克思主义，怎样坚持马克思主义，什么是社会主义，怎样建设社会主义，建设什么样的党，如何建设党，实现什么样的发展，怎样发展”等问题上的正确立场和态度，从价值观层面对中国特色社会主义的发展实践和发展走向给予了科学的回答，澄清在“六个为什么”、划清“四个重大界限”等问题上的模糊认识和思想困惑。比如“社会主义和资本主义的根本区别究竟是什么”、“公有制究竟是不是社会主义的本质规定”、“劳动价值论作为马克思主义的理论基础是否能成立”、“私营企业主入党会不会改变党的性质”等问题。社会主义核心价值体系建设，就是要让人们在以上思想认识问题上得到彻底而清楚的解答，从而树立坚定的马克思主义、社会主义信仰。

8.3.2 建设方法：实现社会主义核心价值体系和“三个倡导”大众化生活化

社会主义核心价值体系是全体社会成员在思想上应该形成的共同道德基础和精神纽带，其内容具有层次性、先进性和广泛性。如何实现社会主义核心价值体系“大众化”，如何实现全民倡导富强、民主、文明、和谐，倡导自由、平等、公正、法治，倡导爱国、敬业、诚信、友善，就需要采取“通俗化”、“生活化”的方式，使这些思想理念实现“大众化”和“化大众”。

从社会主义核心价值体系四个方面的规定和“三个倡导”的内容来看，具有广泛性、先进性、层次性，对教育对象的接受能力、文化水平、教育背景也有层次要求。但是，社会主义核心价值体系建设是一个涉及全民的系统社会工程，“反映最大公约数”的“三个倡导”具有大众性和全民性、广泛性的要求。因此，社会主义核心价值体系建设，就需要通过由抽象到具体、由深奥到通俗的转化过程，使社会主义核心价值体系、社会主义核心价值观的科学思想理论，转化为易于被最广泛的人民群众所接受、理解和信服，特别是对文化水平和政治觉悟不够高的低层次的学生、群众所理解和掌握，并转化为日常的行为自觉。社会主义核心价值体系真正通俗化为人民大众的共同思想基础和精神纽带，才能真正实现以社会主义核心价值体系引领整合多样化社会思潮和思想。一言以蔽之，社会主义核心价值体系建设要在先进性要求与广泛性要求有机结合中力求通俗化，充分发挥党员干部和青年学生的率先垂范作用，以在学校家庭与社会多维立体合力教育中力求普及化，在课堂理论讲授与社会实践体验结合中力求生活化。只有这样，社会主义核心价值体系建设才能实现其大众化、群众化的实效性。

社会主义核心价值体系是我们党在思想政治教育和思想理论建设过程中，创新提炼的思想理论成果，其抽象性、理论性的特点与广大群众现有的文化素质或道德认知水平存在一定的距离。因此，需要跨越群众的认知障碍，使社会主义核心价值体系具有亲和力和现实感，即使其通俗化。什么叫通俗化？就是使抽象的理论通过某种表达方式或传播形式变得简洁明了、具体生动，远离晦涩难懂和枯燥无味，更贴近群众生活，即更加让人民群众喜闻乐见，易于理解和接受。当然，社会主义核心价值体系大众化、通俗化、生活化的问题，要通过凸显民族特色、时代特色等来解决。正如国际共产主义运动中共产国际领导人季米特洛夫曾强调指出的，马克思主义的宣传教育工作者，不能随随便便滥用宣传语言，而要下苦工夫学会说群众易懂的话，如果不肯贴近群众，说的话群众听不懂，对于革命的宣传就起不到任何作用。马克思在《资本论》第一卷 1867 年第一版序言中指出：“万事开头难，每门科学都是如此。所以本书第一章，特别是分析商品的部分，是最难理解的。其中对价值实体和价值量的分析，我已经尽可能地做到通俗易懂。”① 事实上，通俗化，即民族化；民族化，即通俗化。在早期的马克思主义中国化进程中，中国共产党人艾思奇、李大钊、毛泽东、李达、胡绳等就掀起了在中国“具体化”的马克思主义哲学通俗化、

---

① 《马克思恩格斯选集》，第 2 卷，人民出版社，1995 年版，第 99 页。

大众化运动。李大钊曾在《法俄革命之比较》、《庶民的胜利》、《布尔什维主义的胜利》等文章中用大众化、通俗化的语言传播马克思主义的宇宙观；陈独秀曾在《新青年》中以新文化、通俗化的形式宣传马克思主义，鲁迅等倡导白话文和新文学，推动用“生动活泼的，前进的，革命的”语言进行新文化宣传。① 以毛泽东为代表的第一代中央领导集体，在探索中国民族民主革命的道路中，始终致力于在工农兵群众中推动马克思主义通俗化工作。1942 年 2 月，毛泽东在《反对党八股》一文中指出：“现在许多人在提倡民族化、科学化、大众化了，这很好。但是‘化’者，彻头彻尾彻里彻外之谓也；有些人则连‘少许’还没有实行，却在那里提倡‘化’呢！所以我劝这些同志先办‘少许’，再去办‘化’，不然，仍旧脱离不了教条主义和党八股……如果是不但口头上提倡而且自己真想实行大众化的人，那就要实地跟老百姓去学，否则仍然‘化’不了的。有些天天喊大众化的人，连三句老百姓的话都讲不来，可见他就没有下过决心跟老百姓学，实在他的意思仍是小众化。”② 在《在延安文艺座谈会上的讲话》中，他再次提出：“许多文艺工作者由于自己脱离群众、生活空虚，当然也就不熟悉人民的语言……许多同志爱说‘大众化’，但是什么叫做大众化呢？就是我们的文艺工作者的思想感情和工农兵大众的思想感情打成一片。而要打成一片，就应当认真学习群众的语言。”③ 中华人民共和国成立后，毛泽东多次强调，在马克思主义群众化、民族化、通俗化问题上，“过去做得太少，而这是广大工作干部和青年学生的迫切需要”④，他要求“对一些哲学的基本概念，利用适当的场合加以说明，使一般干部能够看懂。要利用这个机会，使成百万的不懂哲学的党内外干部懂

① 《毛泽东选集》，第 3 卷，人民出版社，1991 年版，第 831 页。

② 《毛泽东选集》，第 3 卷，人民出版社，1991 年版，第 841 页。

③ 《毛泽东选集》，第 3 卷，人民出版社，1991 年版，第 850 ~ 851 页。

④ 《毛泽东书信选集》，人民出版社，1983 年版，第 407 页。

一点马克思主义的哲学”，并特别强调指出，各级党委应当努力让哲学从哲学家的课堂上和书本里解放出来，变为群众手里的尖锐武器。针对一些教条主义者宣传革命理论只知背诵经典词句、哇哇大叫，不知道把革命道理通俗化，即转化为百姓能听懂的生活语言，毛泽东强调宣传语言的转化。比如，用“枪杆子里面出政权”来阐释马克思主义的无产阶级暴力革命理论；用“洗脸”、“扫地”来比喻自我批评，用“眼睛向下”来解释深入群众，向人民群众学习的群众观点；用“三座大山”、“糖衣炮弹”、“纸老虎”等通俗化的语言来分析革命形势；以“愚公移山”中愚公“毫不动摇，每天挖山不止”来表达要坚定理想信念和锲而不舍的精神。土地革命时期，毛泽东用生动通俗的语言讲述农会的革命活动，即“农会权力无上，不许地主说话，把地主的威风扫光。这等于将地主打翻在地，再踏上一只脚”，农会的会员还到“反对农会的土豪劣绅的家里，一群人涌进去，杀猪出谷。土豪劣绅的小姐少奶奶的牙床上，也可以踏上去滚一滚”。当然，社会主义核心价值体系大众化教育，力求通俗化，要防止使之庸俗化、简单化，或陷入神化、僵化和泛化的局面。

社会主义核心价值体系建设，要把社会主义核心价值体系的思想内容，以各种形式渗透到群众生活的每个领域、每个角落，而且，每个领域的教育内容和目标，不能相互冲突和背离。因此，学校、家庭与社会三个领域的渗透教育应该是带有目标一致性的一种合力效应。毛泽东关于教育问题，曾强调三个领域的教育应当相互作用、相互促进，而不能相互阻碍，他曾生动具体地解释道：“家庭之人无知识，则学生在学校所得之知识与之柄凿，其结果只有二途：一则被融化于家庭，造成一种孝子顺孙新旧杂糅之乡愿。一则与家庭分张，近来‘家庭革命’‘父子冲突’之声，所由不绝于耳也。社会亦然。学生出学校入社会，若社会之分子无知识，则学生在学校所得之知识与之柄凿，其结果亦只有两途：或为所融化，或与之分张。”① 他在揭露当时我国教育的弊端

① 《毛泽东早期文稿》，湖南出版社，1995 年版，第 452 页。

时指出："现今之情势，家庭、学校、社会，三者其关系，非为有机的而为无机的，非为精神的而为形式的。形式尽相结合，而精神上则常相冲突。"① 具体表现在："今以学校对于学生之目的言之，为'养成有独立健全之人格之人'。而家庭对于子弟之目的，则为'养成可供家庭使命之人'。……社会对于个人之目的，亦非以社会为个人之发展地，而以个人为社会之牺牲品。""家庭，学校，社会，将相违日远，焉有改良之望哉!"② 毛泽东严厉地指出了当时学校、社会教育相隔相疑的不一致性和相互抵消的状况，强调要力避教育远离生产和实际生活的状况。这些宝贵的教育思想，无疑对社会主义核心价值体系建设具有重要的借鉴和启迪作用。一言以蔽之，社会主义核心价值体系要走出书斋，走出高雅的学术殿堂，贴近群众、贴近生活、贴近实际，需要充分发挥学校、家庭与社会这一多维立体教育合力。

社会主义核心价值体系建设，不仅是一个理论问题，还是一个生活实践问题，是知与行的统一。毛泽东青年时期深受湖湘文化熏陶，形成求实尚践、经世致用的学风和知行合一的哲学思想。在学习与教育问题上，毛泽东主张理论与实践相结合、主观与客观相结合、知与行相统一。他曾提出，"既要读有字之书，又要读无字之书"。无字之书就是社会实践，以此培养运用知识的能力和扩大知识面。他在《讲堂录》中写道："闭门求学，其学无用。欲从天下国家万事万物而学之，则汗漫九垓，遍游四宇尚已。"他认为："夫知者信之先，有一种之知识，即建为一种之信仰，既建一种信仰，即发为一种之行为。知也，信也，行也，为吾人精神活动之三步骤。"这一"知"、"信"、"行"三者统一的思想，表明"知"对"行"具有指导作用。同时，通过"行"，又能对"知"进行强化和巩固，进而形成坚定的信仰和日常的行为自觉。这也就是说，社会主义核心价值体系建设离不开生活实践。美国教育家杜威从实用主义和工具主义出发，曾提出"教育是生活的过程，而不是将来生活的预备"的观

① 《毛泽东早期文稿》，湖南出版社，1995年版，第453页。

② 《毛泽东早期文稿》，湖南出版社，1995年版，第453页。

点，强调教育必须面向实际生活，融入实际生活，并能解决实际生活中的困难问题。

总体而言，社会主义核心价值体系建设，就是要让社会主义核心价值体系通过大众化、通俗化、生活化，让广大群众真正“知也，信也，行也”，即“真懂、真信、真行”，才能发挥其理论价值和现实价值。只有全体社会成员对“三个倡导”内化于心，外化于行，成为自觉行动和自发行为，才能真正巩固全民族精神纽带和思想道德基础。

8.3.3　效果评价标准：是否有利于增强社会主义意识形态的吸引力和培育践行社会主义核心价值观

社会主义核心价值体系是社会主义意识形态的本质体现，是社会主义先进文化的精髓，是兴国之魂。社会主义核心价值体系的提出，就是针对国际社会思潮领域西方各种错误思潮和国内多样化社会思想意识、多元化价值取向对社会主义意识形态、社会主义前途命运、中国特色社会主义性质方向等问题的不同声音带来干扰而提出来的。当前党的思想理论建设和思想政治工作的重大战略任务就是大力加强社会主义核心价值体系建设。社会主义核心价值体系建设在当前形势下具有鲜明的政治方向性和意识形态性，具有马克思主义无产阶级政党鲜明的党性和阶级性。社会主义核心价值体系建设的目的就是要通过对全党全国人民进行马克思列宁主义、毛泽东思想、中国特色社会主义理论体系的教育，坚定全体国民的社会主义方向，坚决抵制各种错误思潮，以巩固和发展社会主义意识形态，积极培育践行社会主义核心价值观。因此，是否有利于增强社会主义意识形态的吸引力、是否有利于真正落实“三个倡导”，是效果评价的标准。

在意识形态领域，自“二战”以来，西方敌对势力早已掀起了“没有硝烟的战争”。随着“冷战”的结束，世界由两极向多极化发展，西方国家的文化发展霸权主义表现为以攻击马克思主义为指导思想的社会主义核心价值体系。意识形态领域一度出现了马克思主义“过时论”、“空想论”、“失败论”、“左祸论”以及社会主义与资本主义“趋同”论、“普世价值”论等危害中国特色社会主义健康发展的各种错误言论。于是，意识形态危机不可避免地成为当代中国最严重的“三大危机”（即严重失业问题造成的经济和社会危机、由于腐败问题造成的政治危机、意识形态危机）中的一种。由于意识形态与现实分裂所造成的精神危机、价值危机、信仰危机导致民众对国家体制及制度合法性和合理性的信心发生动摇；导致部分国民“道德败坏”、“文化堕落”、“精神空虚”的现象严重滋生与蔓延，乃至有人发出这样的感叹：“这个社会有解体的危险。”① 国际国内社会思潮和思想意识形态领域，以迷信新自由主义和民主社会主义为代表的“洋教条”（或西教条）、以现代新儒学（所谓儒学“第四代”）为代表的文化保守主义（“儒教条”或“古教条”）以及怀疑、否定改革开放的“左”倾教条主义（“左教条”），对中国特色社会主义旗帜与道路产生不利影响。不可否认，当代中国面临的意识形态领域的复杂斗争已对我们国家的文化安全、价值观安全造成一定程度的冲击与危害。

我国社会主义先进文化建设、社会主义思想道德建设和精神文明建设历史地担负着加强社会主义核心价值体系建设，增强社会主义意识形态吸引力和凝聚力的重大历史任务。而是否增强社会主义意识形态吸引力和凝聚力也必然成为社会主义核心价值体系建设效果评价的重要标准之一。社会主义核心价值体系建设就是要增强社会主义意识形态吸引力。其效果就是看通过各种方法和途径，使先前充满差异和多样性的社会思潮和思想价值观念在多大程度上被引导、带领到中国特色社会主义主流意识形态上来。具体而言，就是在“尊重差异、包容多样”的原则前提下，通过国民教育和精神文明建设的不同方法和路径，使一些人曾经对马克思主义、中国特色社会主义前途命运、性质和方向等问题存在的疑惑，能得到澄清；使曾经盲目追随或效仿西方错误思潮的思想和行为得到扭转；使社会主义的价值观在更大程度上比以前受到更多人的接受和认同。同时，还要看是否通过加强教育引导，把马克思主义中国化最新成果转化为广大党员群

① 兹比格纽·布热津斯基：《大失控与大混乱》，中国社会科学出版社，1995 年版，第 125 ~ 129 页。

众、青少年的群体意识，最大限度地形成社会思想共识；是否通过舆论引导（比如通过互联网、党报、党刊、电台、电视台等各级各类媒体的传播）积极弘扬社会主义核心价值体系；是否在全社会唱响社会主义核心价值体系的主旋律；是否通过“以文化人”，创造出蕴涵社会主义核心价值体系思想内涵的精神文化产品，以潜移默化地影响人民大众的思想观念、价值判断、道德情操。总之，通过社会主义核心价值体系建设，使中国特色社会主义的共同理想为当今中国不同社会阶层、不同利益群体的人们普遍认同和接受；使以爱国主义为核心的民族精神和以改革创新为核心的时代精神成为各民族团结一心、共同奋斗的精神支撑；使以“八荣八耻”为主要内容的社会主义荣辱观成为全体社会成员判断行为得失、做出道德选择、确定价值取向的道德准则和行为规范。

党的十八大报告强调指出，要加强社会主义核心价值体系建设的战略任务，落实“三个倡导”，积极培育社会主义核心价值观。社会主义核心价值体系建设的成败得失，很大程度上看社会主义核心价值体系建设，通过“三个倡导”的实际践行，是否有利于增强国民对西方错误思潮的抵抗力和鉴别力，是否能更加坚定马克思主义、社会主义信念。社会主义核心价值体系建设的经验告诉我们，社会主义核心价值体系学习教育所采取的任何方法和途径，都必须始终不变地坚持以是否有利于增强社会主义意识形态的吸引力为判断标准。总之，社会主义核心价值体系建设的效果，要看它是否使社会主义意识形态所倡导的主流价值观赢得相对于非马克思主义、反马克思主义意识形态更多的群众，使无产阶级的价值观战胜资产阶级的价值观。因此，社会主义核心价值体系建设应该以是否有利于增强社会主义意识形态吸引力为重要的价值判断标准。

至于社会主义核心价值体系的具体落实，即“三个倡导”的实际践行和具体落实，就需要进一步地探索社会主义核心价值体系建设的绩效考评。科学的社会主义核心价值体系建设、社会主义核心价值观培育践行考评体系，关系到“三个倡导”是否能常态化、日常化、规范化、制度化。因此，社会主义核心价值体系建设、社会主义核心价值观培育践行的目标和任务、内容和项目、指标设定和参数设计等问题，还有待深入研究，科学制定出测评体系。因此，在这一长期的、系统的社会“筑魂工程”中，以什么样的指导力度、什么样的落实参照、什么样的考核标准、什么样的交流研讨、什么样的阶段性目标，更有效地培育践行社会主义核心价值观，还需要全社会形成合力，共同努力！

结　语：

加强社会主义核心价值体系建设，在“三个倡导”中培育践行社会主义核心价值观

“哲学把无产阶级当作自己的物质武器，同样，无产阶级也把哲学当作自己的精神武器。”① 社会主义核心价值体系作为社会主义意识形态的本质体现和社会主义制度的内在灵魂，作为当代中国的兴国之魂，理所当然地把中国人民当作自己的物质武器，而中国人民则自然而然地把社会主义核心价值体系当作自己的精神武器。理论在一个国家的实现程度取决于这个国家对理论的需要程度。当代中国的时代境遇，决定了以社会主义核心价值体系为主题的思想政治教育，以社会主义核心价值体系引领整合多样化思潮和思想意识，形成全社会齐抓共管、党政干群自觉学习实践社会主义核心价值体系，历史地成为发展中国特色社会主义的重要组成部分。这是一个应该和必须全社会投入的“筑魂工程”。而且，要让社会主义核心价值体系建设得以加强，并取得实效，还必须遵循党的十八大提出的“倡导富强、民主、文明、和谐，倡导自由、平等、公正、法治，倡导爱国、敬业、诚信、友善”。

一、加强以社会主义核心价值体系和“三个倡导”为主题的思想政治教育

思想政治教育是“一定的阶级、政党、社会群体遵循人们思想品德形成发展规律，用一定的思想观念、政治观点、道德规范，对其成员施加有目的、有计划、有组织的影响，使他们形成符合一定社会、一定阶级所需要的思想品德的社

---

① 《马克思恩格斯选集》，第1卷，人民出版社，1995年版，第15页。

会实践活动。"① 思想政治教育是为实现政党的总任务、总目标服务的，它具有强烈的党性和阶级性。正如列宁所指出的，在为阶级矛盾所分裂的社会中，任何时候也不可能有非阶级的或超阶级的思想体系，因而也没有非阶级的或超阶级的思想政治教育。当今全球化时代，资本主义价值体系以各种精神文化产品形式输入到我国来，直接或间接、有形或无形地影响着我们的干部群众和青年学生的健康成长。党的十七大顺应历史时代发展的潮流，提出"切实把社会主义核心价值体系融入国民教育和精神文明建设全过程，转化为人民的自觉追求"的重大战略任务。党的十七届四中全会从不同角度强调了要开展社会主义核心价值体系学习教育，筑牢思想防线，明确提出要推动当代中国马克思主义时代化、大众化和群众化，建设学习型政党和学习型社会。党的十八大报告第六部分"扎实推进社会主义文化强国建设"指出，全面建成小康社会，实现中华民族伟大复兴，必须推动社会主义文化大发展、大繁荣，兴起社会主义文化建设新高潮，提高国家文化软实力，发挥文化引领风尚、教育人民、服务社会、推动发展的作用。社会主义核心价值体系作为社会主义文化建设的根本，思想政治教育是文化建设和构筑全民族精神家园的主渠道。发展中国特色社会主义的现实，需要在全体国民中树立起社会主义中国的精神旗帜，以社会主义核心价值体系为主题，加强社会主义核心价值体系学习教育成为当前党的思想理论建设和思想政治工作的中心任务。

社会主义核心价值体系是新时期思想政治教育的核心内容、根本目标和战略任务。自改革开放以来，中国社会呈现思想大活跃、观念大碰撞、文化大交融的局面。国际国内各种思想和思潮间的吸纳与排斥、融合与斗争，导致一些干部群众价值取向和价值选择的多元化，给干部群众正确世界观、人生观和价值观的形成带来了较多消极的影响。一些经验、阅历不足的干部群众，对"六个为什么"、划清"四个重大界限"、"七个怎么看"、"七个怎么办"等问题产生了

① 张耀灿、郑永廷等：《现代思想政治教育学》，人民出版社，2006年版，第50页。

模糊认识。新时期，新阶段，我们党充分吸取了历史上所谓“十年最大的失败就是教育”（这里主要指“思想政治教育”）的教训，高度重视对干部群众的思想政治教育。江泽民同志曾在《关于加强和改进大学生思想政治工作的若干意见》中，把理想信念教育作为主线和核心内容，特别强调要在干部群众、青年学生中深入进行马克思主义的唯物论、无神论教育和科学精神教育，帮助青年干部群众树立正确的理想信念，树立正确的世界观、人生观、价值观。胡锦涛总书记在全国加强和改进大学生思想政治教育工作会议上指出，当前的国际国内条件下，敌对势力同我们争夺下一代的斗争依然十分尖锐复杂，我们必须以社会主义的政治观点、价值观念引导干部群众、青年学生为社会主义、共产主义事业而努力学习，立志成才。

当前，思想政治教育最核心、最根本的问题，就是要帮助干部群众接受、认同并践行社会主义核心价值体系。党的十五大报告关于建设有中国特色社会主义文化的纲领明确指出，要以马克思主义为指导，培育有理想、有道德、有文化、有纪律的公民，要引导人们树立正确的世界观、人生观、价值观。2004 年中共中央国务院颁布的《关于进一步加强和改进大学生思想政治教育的意见》，为新时期加强和改进大学生思想政治教育提出了指导思想，要求以理想信念教育为核心，深入进行树立正确的世界观、人生观和价值观教育。2006 年党的十六届六中全会通过的《中共中央关于构建社会主义和谐社会若干重大问题的决定》，首次明确提出社会主义核心价值体系的基本内容，党中央强调要切实把社会主义核心价值体系融入国民教育和精神文明建设全过程，转化为人民的自觉追求。党的十七大和十七届四中全会都多次强调，要加强以社会主义核心价值体系为核心的思想理论建设和意识形态建设。党的十七届六中全会把社会主义核心价值体系提到“兴国之魂”的高度，提出建设中国特色社会主义文化强国的任务，表明党中央再次高度强调社会主义核心价值体系建设的重要性。

基于当前经济社会发展的矛盾和冲突以及一些干部群众内心世界、精神生活中存在的诸多问题，党中央高度重视对干部群众进行马克思主义世界观、人生观和价值观教育，提高干部群众思想政治教育工作的实效性、针对性，真正帮助干部群众塑造健康的、正确的世界观、人生观和价值观，牢固地树立为党和人民的事业不懈奋斗的信念。社会主义核心价值体系为干部群众树立正确的世界观、人生观和价值观指明了方向：以共产主义理想、中国特色社会主义共同理想教育为核心，深入进行正确的世界观、人生观、价值观教育，就是要引导教育干部群众坚持马克思主义信仰；在此基础上，运用以爱国主义为核心的民族精神和以改革创新为核心的时代精神、社会主义荣辱观来丰富干部群众思想政治教育的内容。从社会主义核心价值体系四个方面的具体规定内容来看，马克思主义指导思想、中国特色社会主义共同理想、以爱国主义为核心的民族精神和以改革创新为核心的时代精神、社会主义荣辱观等都与干部群众“三观”教育息息相关。社会主义核心价值体系教育是新时期干部群众思想政治教育的战略任务。

总之，社会主义核心价值体系内容，无论最高层次的马克思主义指导思想，还是中国特色社会主义共同理想、以爱国主义为核心的民族精神和以改革创新为核心的时代精神、以“八荣八耻”为主要内容的社会主义荣辱观，都是围绕干部群众“三观”形成的核心目标，有助于帮助干部群众正确把握自己的成长目标、人生态度和人生道路，帮助干部群众正确处理个人理想与社会理想、个人价值与社会价值的关系。当前党中央、教育部要求把社会主义核心价值体系融入国民教育和精神文明建设全过程，把《六个“为什么”》和《划清“四个界限”》两个读本作为干部群众思想政治教育的重要辅助材料，这表明，把社会主义核心价值体系渗透到干部群众的思想政治教育中，围绕社会主义核心价值体系加强对干部群众的思想政治教育，培养干部群众马克思主义、社会主义的世界观、人生观和价值观，是当前思想政治教育的主题和目标。当前思想政治教育根本目标的实现，要始终遵循社会主义核心价值体系的思想要义，并在干部群众的实际行动中落实“三个倡导”，积极培育践行社会主义核心价值观。

二、以社会主义核心价值体系引领整合多样化社会思潮，以“三个倡导”规约多样化行为取向

作为社会风气的“晴雨表”，社会思潮总是以一定的社会心理和思想理论影响着一定群体在一定历史时期和地域的价值认同和价值选择乃至价值实现。当今国际社会思潮呈现差异性和多样性特点。各种思潮竞相存在，比如新自由主义、民主社会主义、历史虚无主义、民族主义、消费主义等诸多思潮，各自以不同形式和渠道实现着自己的图谋。至今，西方资产阶级的价值观以“普世价值”的不同面目、不同形式向社会主义国家发起进攻。整个国际社会思潮领域，理性和非理性并存，政治因素和经济、文化因素交织，进步和愚昧落后思想相互激荡，呈现纷繁复杂的态势。在这场“没有硝烟的战争”中，中国作为社会主义大国，不可避免地成为国际思潮领域激烈交锋与碰撞的主阵地，中国人民群众尤其是青年一代也自然成为各种思潮争夺的对象。针对当代国际社会思潮异彩纷呈和中国社会发展面临的“四个深刻变化”、“两个前所未有”的时代境遇，党中央不断强调要加强社会主义核心价值体系建设，实现两个“最大限度”，即“坚持以社会主义核心价值体系引领社会思潮，尊重差异，包容多样，最大限度地形成社会思想共识”，“必须最大限度地激发社会活力，促进政党关系、民族关系、宗教关系、阶层关系、海内外同胞关系的和谐，巩固全国各族人民的大团结，巩固海内外中华儿女的大团结。”①“理论一经掌握群众，也会变成物质力量。理论只要说服人［ad hominem］，就能掌握群众；而理论只要彻底，就能说服人。所谓彻底，就是抓住事物的根本。”② 因此，要彰显社会主义核心价值体系理论的彻底性，除了加强学习教育外，还需要不断探索以社会主义核心价值体系引领多样化社会思潮和多样化社会思想的实践方式。

---

① 本书编写组：《构建社会主义和谐社会的伟大纲领》，人民日报出版社，2006 年版，第 20 页。

② 《马克思恩格斯选集》，第 1 卷，人民出版社，1995 年版，第 9 页。

对于各种反马克思主义的社会思潮，我们党历来的主张是，绝不能听之任之，任其泛滥，而是要与之开展积极的思想斗争，毛泽东曾强调指出，在事关政治方向和根本原则的问题上，我们一定要旗帜鲜明，理直气壮，毫不含糊。邓小平强调，“对于各种错误倾向决不能不进行严肃的批评”，“批评的武器一定不能丢”,① 我们要用巨大的努力同怀疑四项基本原则的思潮作坚决的斗争。对于非马克思主义思潮，我们要善于帮助和引导，加强社会主义核心价值体系对非核心价值体系的引领与整合。用马克思主义的立场、观点、方法比较鉴别和揭露各种反马克思主义思潮和非马克思主义思潮，以社会主义核心价值体系引领多样化社会思潮，是党中央作出的英明决策。在全面建成小康社会的关键时期，我们党对社会主义核心价值体系做出明确的高度凝练，提出“三个倡导”，也体现出党和国家在社会主义核心价值体系建设和文化强国问题上的高度重视和力度。

加强社会主义核心价值体系建设，关键是加强以社会主义核心价值体系引领整合多样化社会思潮的能力建设，通过“引领”与“整合”，构建以社会主义核心价值体系为主导的多样化思想协调互动关系。所谓“引领”，就是要把非社会主义核心价值体系的思想和行为引导带领到社会和谐与科学发展轨道上来。所谓“整合”，就是要用社会主义核心价值体系的精神实质去辨别、批判、改造多样化的社会思潮。首先，我们要善于辨别哪些是与中国特色社会主义发展方向一致的正确思潮，哪些是不影响中国特色社会主义发展大局的中性思潮，哪些是严重违背中国特色社会主义基本原则的错误思潮；其次，在对各种错误思潮进行差别分析的基础上理性抉择，对哪些思想采取坚决取缔，对哪些思想采取引领和带动；再次，理性决断引领整合的具体对象和内容，对于多样化社会思潮，我们如何在辨别、吸收其积极因素和合理因素的，同时，批判、摒弃其消极有害的因素。比如新自由主义思潮、民主社会主义思潮、“普世价值”论、消费主义

① 《邓小平文选》，第 2 卷，人民出版社，1994 年版，第 390 页。

思潮、“第三条道路”等言论的叫嚣，我们都要善于透过其表象揭露其实质。当前多样化的思想意识对社会发展的影响作用有强有弱、破坏程度深浅不一，因此，我们要用马克思主义的科学世界观和方法论对各种社会思潮的本质内涵、产生根源、表现方式、发展趋势及其社会影响进行客观、全面的分析、鉴别、比较，再针对其关键因素和主要环节进行有的放矢的思想疏导和有差别性的批判，力求把辨别、引导与协调、整合有机地结合起来，使引领的方式、内容和社会效应对周围社会意识形态环境形成辐射。

加强社会主义核心价值体系对多样化思潮和多样化思想的引领与整合能力建设，要理论联系实际，坚持“尊重差异、包容多样”的原则。当前多元文化中建设社会主义核心价值体系，需要采取在不违背马克思主义、社会主义基本价值原则的前提下“尊重”与“包容”的态度，在尊重差异中扩大社会认同，在包容多样中增进思想共识，允许多样化社会思想相互补充与兼收并蓄，形成“和而不同”的格局，这既是我们社会主义和谐文化发展的基本方法，又是我们思想政治领域的工作艺术。基于当前中国社会矛盾和物质利益矛盾冲突的客观现实，用社会主义核心价值体系引领整合多样化的社会思想意识，必须关注中国特色社会主义发展中的新矛盾、新问题、新现象。在改革开放深入进程中，我们不能不更多地关注改革中出现的特殊群体的思想状况。比如私营企业主，他们在企业改革问题上容易受新自由主义、民主社会主义等思潮的影响而迷失方向；农村进城务工的农民、城市下岗工人等所谓“弱势群体”，他们由于经济领域的物质利益矛盾问题容易产生对社会主义理想信念的动摇，等等，这些问题足以说明，社会主义核心价值体系建设要千方百计做到“三贴近”，即“贴近实际、贴近群众、贴近生活”，这也是党的十八大报告再次强调必须遵循的原则。正如列宁所说，通过百折不回的努力，让崭新的思想和正确的观念“渗透到群众意识中去，渗透到他们的习惯中去，渗透到他们的生活常规中去”。① 如果脱离了广大人民群众的实

① 《列宁全集》，第39卷，人民出版社，1986年版，第100页。

际生活等现实问题，社会主义核心价值体系就会显得苍白无力，更谈不上对多样化社会思想意识的引领与整合。

总之，加强社会主义核心价值体系引领整合多样化社会思潮和思想观念，要始终坚持马克思主义“一元指导”下，对不同的思潮进行不同的引领整合方法。当前，面对意识形态领域形形色色的“资产阶级的抽象人性论”、“意识形态终结论”、“非意识形态论”等反马克思主义和非马克思主义思潮，社会主义核心价值体系建设者应时刻保持清醒的头脑和敏锐的辨别能力，探索对不同社会思潮进行引领整合的具体方法和路径，加强社会主义核心价值体系引领整合能力建设，以实现社会主义核心价值体系战胜资产阶级核心价值体系的目标！

三、全社会齐抓共管，形成全民参与“三个倡导”学习实践的社会联动机制

党的十八大报告第六部分“扎实推进社会主义文化强国建设”明确指出“全面提高公民道德素质”是社会主义道德建设的基本任务。要坚持依法治国和以德治国相结合，加强社会公德、职业道德、家庭美德、个人品德教育，弘扬中华传统美德，弘扬时代新风。推进公民道德建设工程，弘扬真善美、贬斥假恶丑，引导人们自觉履行法定义务、社会责任、家庭责任，营造劳动光荣、创造伟大的社会氛围，培育知荣辱、讲正气、作奉献、促和谐的良好风尚。由此可见，社会主义核心价值体系要融入国民教育和精神文明建设，贯穿社会主义现代化建设始终，需要全体社会成员齐抓共管，形成加强社会主义核心价值体系建设、落实“三个倡导”的社会联动机制和社会系统工程。

社会主义核心价值体系建设是一个包含多因素的有机系统，整个系统涉及多方面因素。从涉及的人员看，全体社会成员包括从党政领导到一般群众；从覆盖的领域看，包括家庭、学校、社会（企业、社区、公共场所及主导媒体）；从建设内容看，涵盖理论研究、舆论宣传、政策导向、利益关系协调等经济、政治、文化、社会生活各领域的核心价值体系渗透；从建设形式看，正式的与非正式的、主流的与非主

流的等，可以说社会主义核心价值体系建设工作无时无刻不在进行之中。因此，社会主义核心价值体系建设要本着动态的、矛盾的、综合的辩证唯物主义和历史唯物主义方法去分析、解决每一环节、每一方面存在的矛盾关系。因此，社会主义核心价值体系建设要力求建成“党委领导、政府负责、社会协同、公众参与”的社会联动机制，既增强党政领导齐抓共管，又要激发和调动广大人民群众自觉探索和实践社会主义核心价值体系的积极性。

所谓社会主义核心价值体系建设的社会资本，就是包括各级党委、主流媒体、教育机构等正式的机关或部门，以及各种非正式的社群、社区和民间团体、民间组织及其相应的各种建设活动载体。社会主义核心价值体系引领多样化的社会思潮和思想意识，就要全方位拓展引领的领域、渠道和方式。比如在各级党委和政府统领下，充分发挥工会、共青团、妇联等人民团体和行业组织、社会中介组织、民众自治组织、民间组织的作用；充分利用市民公约、乡规民约、职业规范、学生守则等具体行为准则来渗透社会主义核心价值体系。具体而言，就是要全社会团结一致，党政干群齐心协力。社会主义核心价值体系建设要充分利用好社会资本或社会资源。

社会主义核心价值体系是我们党和国家的主流价值观，因此，大力加强社会主义核心价值体系建设，关键在党。党政干部理所当然是践行社会主义核心价值体系的倡导者、组织者和管理者，而且要以先锋模范形象做好群众的表率，切忌“学而不信”、“宣而不行”。因此，党政干部要加强官德、职业道德修养和责任伦理修养。道德教育历来要靠言传身教，我国古代就很注意统治者对下层人民群众的“言教”和“身教”。德治传统的要旨就是治者作为道德表率和示范来教育和感化被治者。“一国之存亡在其主”，“君贤者其国治，君不能者其国乱”。古代德治思想虽然有其阶级局限性，但其中有不少合理因素值得我们借鉴。因此，提高社会主义核心价值体系建设实效性，需要抓好党员干部的德性修养，在日常工作中，要把德性作为考核、选拔、任用党员干部的首要指标。社会主义核心价值体系建设能否提高实效，很大程度上是对党的先进性和执政能力的考量，具体表现为党政干部的工作行为或政治行为是否有利于广大人民群众的利益，即体现为相应的责任伦理和表现为相应的伦理责任。所谓责任伦理，就是指担任某一社会角色的人在履行其角色义务时，必须考虑到自己这一行为的可能后果，并为其承担责任。有了责任伦理，就会更加规范和约束党员干部在履行日常工作中的行为选择。如果自己的行为后果与自己的角色义务要求相违背，则应当受到相应管理规定的惩罚。只有对党员干部符合党和人民利益的行为给予激励，对违背党和人民利益的行为给予惩戒，建立健全责任伦理制度，才能真正发挥党政干部带头实践社会主义核心价值体系的积极性。

党中央自 2006 年提出社会主义核心价值体系建设战略任务以来，在历次大会中不断强调、完善、补充其内容，在党的十八大报告中提出“三个倡导”，积极培育践行社会主义核心价值观，以此开放、包容的叙述方式，既体现了马克思主义与时俱进的理论品质，也体现了当代中国马克思主义者与时俱进、富有创新的时代精神，也更彰显了社会主义核心价值体系及其核心价值观本身也是需要在实践中发展，从理论上得以完备、圆熟，从实践上得以社会化、大众化。社会主义核心价值体系现有建设经验表明，要最大限度地统一思想、凝聚共识，培育践行社会主义核心价值观，是一项长期的战略任务，是全党、全社会、全民参与的共同事业和使命。社会各方面力量要在增强社会主义核心价值体系建设的自觉意识、积极唱响社会主义核心价值体系建设的时代主旋律，培育践行社会主义核心价值观的教育、宣传和理论研究问题上，形成“历史的合力”，在全社会落实“三个倡导”，巩固统一的指导思想、共同的理想信念、强大的精神支柱和良好的道德风尚。因此，探索有效的建设方法和路径，紧紧围绕建设目标，对建设效果进行阶段性的检查、反馈、矫正和评价，还需在实践中不断改进、创新、丰富和发展。

总体而言，社会主义核心价值体系建设作为社会主义先进文化的精髓，社会主义核心价值体系建设还有待不断探索。在当今经济全球化、政治多极化、思想文化多元化的社会变革和转型时代，建设社会主义核心价值体系面临前所未有的机遇和挑战。真所谓“雄关漫道真如铁，而今迈步从头越”！值得庆幸的是，在党的十八大精神感召和鼓舞下，《社会主义核心价值体系建设实施纲要》即将修改完善，社会主义核心价值体系建设的指导思想、方针原则、根本任务、工作要求，“三个倡导”，积极培育社会主义核心价值观的安排部署，将更加明确、具体；社会资源的整合、学习教育和践行社会主义核心价值观的多样化形式将促进全党全国人民建设社会主义核心价值体系的自觉性、坚定性。我们相信：遵循解放思想、实事求是、与时俱进、求真务实的思想路线和工作方法，加强以社会主义核心价值体系为主题的思想政治教育，不断探索以社会主义核心价值体系引领整合多样化社会思潮的手段和路径，构建全社会齐抓共管、全民参与的社会联动机制，在加强社会主义核心价值体系建设中解决新问题、应对新情况，增强社会主义意识形态吸引力和凝聚力，推动中国特色社会主义科学发展，实现中华民族伟大复兴，这是我们应秉持的文化自信和文化自觉。中国特色社会主义道路自信、中国特色社会主义制度自信、中国特色社会主义理论自信，必将在社会主义核心价值体系建设新高潮中得以强化！

弘扬社会主义核心价值体系出版工程重点图书

中国特色社会主义理论体系普及读本

总主编：顾海良　佘双好

《**道路　制度　理论体系**——中国特色社会主义基本理论》

《**民族精神　时代精神　共同理想**——中国特色社会主义共同理想》

《**价值观　核心价值观　核心价值体系**——中国特色社会主义核心价值观》

《**人民民主　法治国家**——中国特色社会主义政治发展道路》

《**经济制度　经济体制　经济发展**——中国特色社会主义经济建设》

《**吸引力　影响力　文化软实力**——中国特色社会主义文化建设》

《**民生建设　社会管理　社会和谐**——中国特色社会主义社会建设》

《**道德　人生　社会**——中国特色社会主义思想道德建设》

《**资源　环境　生态文明**——中国特色社会主义生态文明建设》

《**领导核心　执政使命　伟大工程**——中国马克思主义执政党建设》

《**民族复兴　和平发展　和谐世界**——中国特色社会主义和平外交战略》

《**大众化　时代化　中国故事**——中国特色社会主义理论体系普及路径》